W0001761

Mein großes Tiergeschichtenbuch

Geschichten von Claudia Bartz, Ursula Muhr, Erika Scheuering
Illustriert von Anna Kosanova

EGMONT PESTALOZZI VERLAG, MÜNCHEN

Zu Gast auf dem Bauernhof

Nanu! Was ist denn hier los? Sind die Zootiere ausgerissen?
Nein! Der Zoo wird renoviert. Deswegen ist die lustige Tierbande
unterwegs zu ihren Freunden auf dem Bauernhof. „Wann sind wir denn
endlich da?", quengelt die Giraffe Gina. „Meine Füße tun schon ganz
weh." Und auch die Zebras sind völlig aus der Puste. „Es ist nicht mehr
weit", tröstet der Schimpanse Fips. „Guckt mal, man kann
den Bauernhof schon sehen!" – „Au fein!", freut sich die
Robbendame Molli. „Ich bin ja schon so gespannt, wo wir
alle schlafen werden!"

„Uups!", trötet der Elefant Bimbo erschrocken. „Darüber habe ich ja noch gar nicht nachgedacht. Ob es für mich wohl auch ein Plätzchen zum Schlafen gibt?" – „Nun ja", kichert Gina, „du bist vielleicht ein wenig zu dick!" – „Pah", schnaubt Bimbo, „mit so einer Vogelscheuche wie dir rede ich doch gar nicht!" Beleidigt stampft er weiter. „Hört ihr wohl auf, euch zu streiten?", schimpft Fips. „Was sollen denn unsere Freunde auf dem Bauernhof von uns denken? Wir werden für euch alle einen schönen Platz finden!"

Doch das ist leichter gesagt als getan. Sogar die große Scheune ist zu eng für Bimbo. Alle Tiere schieben und drücken und versuchen, Bimbo zu helfen. „Kannst du nicht mal kurz die Luft anhalten, Bimbo?", quiekt das Ferkel Rosa. „Tu ich doch die ganze Zeit!", schnauft Bimbo dumpf. „Ich glaube, mein Rüssel ist zu groß. Jedenfalls stoße ich irgendwo dagegen."

„Mensch, Bimbo, klar!", ruft Fips. „Der Traktor steht ja noch in der Scheune! Den fahre ich gleich nach draußen. Und dann säge ich ein Loch in das Scheunendach, damit Gina hinausgucken kann."

„Das ist aber ein schlauer Plan!", blökt das kleine Schaf Lisa bewundernd. Das finden alle. Noch nicht einmal die neunmalkluge Gina meckert.

„Juhu!", freut sich Fips. „Ich wollte schon immer mal Traktor fahren."
„Du bist wirklich ein toller Affe!", quiekt Rosa entzückt. „Jetzt bin ich
nur noch gespannt, ob Bimbo in den Stall passt. Und Gina müsste
sich eine Box mit der Stute Bella teilen. Glaubst du, das funktioniert,
Fips?" – „Das klappt bestimmt!", meint Fips. „Es darf nur nicht
anfangen zu regnen, sonst werden die beiden Damen nass …"

Fips hat seinen Satz gerade beendet, da fallen auch schon die ersten Regentropfen. Plitsch – platsch – mitten auf die Nasen von Bella und Gina. Das gefällt den beiden natürlich gar nicht. „Igitt!", schnaubt Bella, „ich bin doch kein Flusspferd!" – „Was soll ich denn sagen?", mault Gina von oben. „Ich werde hier draußen noch viel nasser als du!" Da hat Fips die rettende Idee: „Ich hole euch einen Schirm und alles wird gut!" „Was für ein netter Schimpanse, dieser Fips", findet Bella. Und als die beiden Damen endlich im Trockenen stehen, unterhalten sie sich richtig gut. So gut, dass sie gar nicht merken, wie schnell die Zeit vergeht. „Soll ich dir was verraten, Bella?", ruft Gina von oben. „Es hat aufgehört zu regnen!" Darüber ist Fips auch sehr froh: „Hurra, dann muss ich nicht die ganze Nacht mit dem Schirm hier auf dem Dach sitzen!"

Die Robbe Molli kann die ganze Aufregung um das Wasser nicht verstehen. Sie hat ein schönes Plätzchen auf der Kuhwiese gefunden. „Ist das fein, dass du so eine tolle Tränke hast, Klara! Hier bei euch macht das Plantschen viel mehr Spaß als im Zoo!"

„Hmh", muht Klara nachdenklich. „Warte mal ab, bis du dein neues Wasserbecken im Zoo siehst. Das ist bestimmt so schön, dass du uns ganz schnell vergisst." Plötzlich ist Klara sehr traurig. Und Molli auch.

Aber dann fällt der Robbendame etwas ein: „Weißt du was, Klara? Wenn unser Zoo fertig renoviert ist, dann kommt ihr uns einfach alle besuchen!" – „Au ja, abgemacht!", freut sich Klara. „Darf ich dann in deinem Gehege schlafen, Molli?" – „Nur, wenn du bis dahin schwimmen lernst", kichert Molli. Da muss Klara so sehr lachen, dass man es auf dem ganzen Bauernhof hören kann.

11

Hilfe für den Maulwurf

„Was für ein schöner Tag!", denkt Maulwurf Moritz. „Die Sonne kitzelt so lustig in meiner Nase und es riecht nach Gras. Aber wo bin ich hier bloß gelandet? Ich glaube fast, hier war ich noch nie …"
Wie alle Maulwürfe kann Moritz nicht so gut sehen. Weil er aber ein sehr neugieriger kleiner Maulwurf ist, buddelt er sich fröhlich durch die Gegend. „Hmh", überlegt Moritz, „wenn es hier nach Gras riecht, dann bin ich wohl auf einer Wiese. Und Wiesen sind schön weich. Dann kann mir ja gar nichts passieren. Mal sehen, was hier so los ist."

Munter tapst Moritz los – und läuft prompt gegen eine Milchkanne. „Hoppla, was ist das denn? Ich bin gegen etwas Großes, Kaltes gestoßen. Hoffentlich ist das keine Hundeschnauze. Wo ich doch so eine Angst vor Hunden habe!" Vor Schreck verliert Moritz das Gleichgewicht. Die Milchkanne fällt scheppernd zu Boden. „Nanu! Was ist denn das für ein Lärm?", wundert sich Hofhund Felix. „Da kann ja kein Hund schlafen!" Leise vor sich hin schimpfend trottet Felix in die Richtung, aus der der Krach kommt.

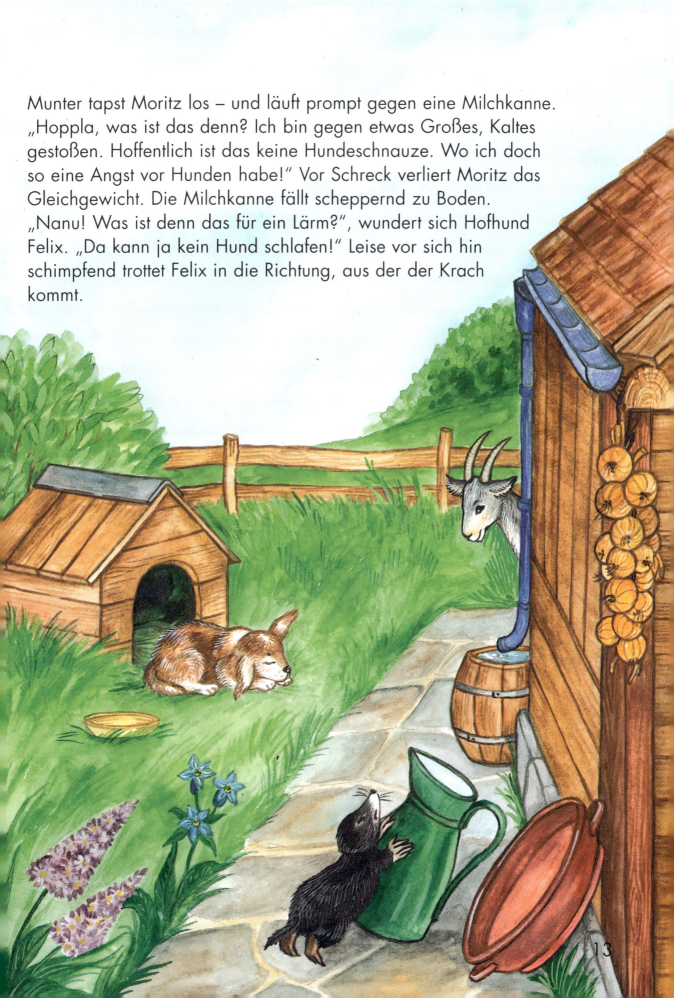

13

Moritz hat immer noch keine Ahnung, mit wem oder was er gerade zusammengestoßen ist. Er grübelt hin und her. Dann kommt er zu dem Schluss: „Dieses Ding hat gescheppert. Also kann das keine Hunde-schnauze sein. Hunde scheppern nicht, die bellen." Erleichtert atmet Moritz auf. „Wuff", bellt es in dem Moment und – wumm – stößt Moritz gegen etwas Großes, Wuscheliges. „Oh, oh", sagt Moritz erschrocken, „wer bist du und was machst du hier?" – „Ich heiße Felix und passe auf den Bauernhof auf. Ich bin ein Hofhund." – „Ein Hu-hu-hund?", stottert Moritz und fängt vorsichtshalber schon mal an zu zittern. „Tu mir gar nichts, lieber Felix, ich bin nur ein harmloser Maulwurf!" Verwundert schüttelt Felix den Kopf. „Warum sollte ich dir etwas tun?", schmunzelt Felix. „Ich habe mich nur gefragt, was das hier wohl für ein Krach ist. Wo kommst du denn her, kleiner Maulwurf?" – „Ja, also, so genau weiß ich das nicht", antwortet Moritz schüchtern. „Ich kann nämlich nicht so gut sehen, weißt du?"

„Aber ich weiß, wo der Maulwurf wohnt", piepst die freche Maus aufgeregt.
„Da drüben im Wald, da ist der Haupteingang zu seiner Wohnung."
„Aha", sagt Felix. „Das ist ja gar nicht weit. Soll ich dich nach Hause
bringen, kleiner Maulwurf?" – „Ja, das wäre toll", freut sich Moritz.
Und – schwupp – schon liegt er bäuchlings auf dem kuscheligen
Hunderücken. „Wie heißt du eigentlich?", fragt Felix neugierig.
„Moritz", antwortet der Maulwurf. „Und soll ich dir noch was verraten?"
„Na klar!", kläfft Felix begeistert. „Psst", sagt Moritz leise, „das muss aber
unter uns bleiben!" – „Großes Hundeehrenwort", schwört Felix.
„Weißt du, das ist nämlich so …", druckst Moritz herum, „… eigentlich habe
ich ein wenig Angst vor Hunden … Aber du bist wirklich lieb!"
„Danke für das Kompliment", freut sich Felix. „Du bist auch ein sehr netter
Maulwurf. Aber sag mal: Kannst du deine Maulwurfshügel nicht woanders
bauen als auf unserem Bauernhof? Meine Menschen ärgern sich nämlich
immer über dich." Als Moritz das hört, wird er ganz rot vor Verlegenheit.
Schnell sagt Felix: „Na ja, die kennen dich halt nicht so gut wie ich.
Übrigens darf ich auch keine Löcher in unsere Wiese buddeln. So ist das
eben: Alles, was Spaß macht, ist verboten."
Darüber muss Moritz eine Weile nachdenken.

Der kleine Maulwurf grübelt so angestrengt, dass er gar nicht merkt, wie sie in den Wald kommen. „So, da wären wir. Alle kleinen Maulwürfe bitte absteigen", sagt Felix, als er den Haupteingang zu Moritz' Wohnung entdeckt hat. „Das ging aber schnell", staunt Moritz.

„Fein hast du's hier", findet Felix, „und so schön ruhig. Hier kannst du bestimmt machen, was du willst, oder?" Plötzlich strahlt Moritz über das ganze Maulwurfsgesicht. „Na klar, jetzt hab ich's! Du kommst einfach zu mir in den Wald, wenn du Lust hast, ein Loch zu buddeln."

„Au ja!", jubelt Felix. „Das ist eine tolle Idee." Und vor lauter Begeisterung fangen die beiden gleich an, gemeinsam zu buddeln.

Übrigens gibt es seit diesem Tag keinen einzigen Maulwurfshügel mehr auf dem Bauernhof. Und erst recht kein Hundeloch ...

Das vergessliche Eichhörnchen

Im Birkengrund, dem hübschen kleinen Wäldchen am Stadtrand, wohnt das Eichhörnchen Pauline.

„Hallo, Pauline!", begrüßt der Igel Piekser seine Nachbarin. „Was ist denn mit dir los? Du machst ja ein Gesicht wie sieben Tage Regenwetter!"

„Ach, Piekser!", seufzt Pauline „Viel schlimmer!" – „Schlimmer?", fragt Piekser erschrocken. „Was kann denn schlimmer sein als so viel Regen?" Doch dann fällt es ihm ein: „So ein Gesicht machst du immer, wenn du nicht mehr weißt, wo du deine Wintervorräte versteckt hast! Hab ich Recht?" – „Huhuhu", heult Pauline nur, „was soll ich denn jetzt bloß tun?"

„Keine Panik", tröstet Piekser seine Freundin, „ich trommle all unsere Freunde zusammen. Wir helfen dir suchen!"

Schnell hat sich Paulines Problem herumgesprochen.
Und weil Pauline so ein liebes Eichhörnchen ist,
helfen wirklich alle mit bei der Proviantsuche.
Nur Erika, die alte Eule, schuhuht genervt:
„Jedes Jahr dasselbe Theater! Wie kann ein
Eichhörnchen allein nur so vergesslich sein?"

Suse und Niklas, die lustigen Frischlinge, sind dagegen ganz begeistert: „Jippie", quieken die zwei und buddeln im Schlamm. „Nüsse suchen macht Spaß!" – „Hat schon jemand was gefunden?", erkundigt sich Piekser ganz außer Puste. „Nun ja", grunzt die Mutter von Suse und Niklas, „hier drüben liegt ein alter Schlüssel. Aber wir suchen ja was zum Essen." – „Komisch", staunt Pauline, „und ich hab einen silbernen Löffel gefunden. Ob den wohl die freche Elster hier versteckt hat? Da muss ich doch gleich mal fragen. Vielleicht vermisst sie den Löffel schon, wo sie doch Glitzerzeug so sehr liebt."

„Hallo, Emma. Guck mal, was ich gefunden hab!"
Eigentlich wollte Pauline noch fragen: „Gehört dieser Löffel dir?"
Doch da krächzt Emma schon fröhlich: „Hurra, mein Löffel ist wieder da."
Als Pauline das Elsternnest sieht, macht sie große Augen. „Du hast aber
viele Glitzersachen, Emma!" – „Ja, nicht wahr?", sagt Emma stolz.
„Und der Löffel funkelt besonders schön. Ich bin ja so froh, dass du ihn
wieder gefunden hast, Pauline!" Da muss Pauline seufzen. „Ich wünschte
nur, ich würde auch meine Wintervorräte wieder finden. Die suche ich
nämlich noch viel dringender." – „Hmh", krächzt Emma nachdenklich,
„Wintervorräte? Meinst du so einen Haufen Haselnüsse?"
„Ja genau", antwortet Pauline aufgeregt, „weißt du, wo die Nüsse sind?"
Emma grübelt eine kleine Weile. Plötzlich ruft sie: „Jetzt weiß ich wieder,
wo ich deine Vorräte gesehen hab! Drüben auf der Lichtung, neben der
knorrigen, alten Eiche." Und schon sausen die beiden los, um schnell dort
nachzugucken.

„Tatsächlich! Da sind ja meine schönen Haselnüsse!", jubelt
Pauline erleichtert. „Hurra! Jetzt muss ich nicht verhungern!"
Vor Freude macht Pauline einen Purzelbaum. Als sie wieder weiß,
wo oben und unten ist, japst sie atemlos: „Danke für eure Hilfe,
meine lieben Freunde! Wenn ich euch nicht hätte, würde ich jetzt
immer noch suchen."
Piekser schmunzelt: „Und wenn wir dich nicht hätten, wäre unser
Leben nur halb so spannend!"

Minkas Überraschung

Auf dem Bauernhof ist das Schnattern, Gackern und Grunzen heute besonders laut. „Hahaha", gluckst das Huhn Wilhelmine. „Guckt mal, unsere Katzendame Minka wird jeden Tag dicker! Wenn sie weiter so viel frisst, platzt sie bestimmt irgendwann." Alle kichern. Schwarte, das mollige Ferkel, lacht sogar so sehr, dass es sich sein Bäuchlein halten muss.

„Hihi", quiekt Schwarte vergnügt, „endlich bin ich nicht mehr das pummeligste Kleintier auf dem Hof!"

„Also wirklich, Minka", schnattert die Gans Gertrud vorwurfsvoll. „Willst du nicht endlich mal eine Diät machen?" Doch Minka schmunzelt nur: „Eine Diät? So etwas hab ich nicht nötig. Ich wette mit euch, dass ich ganz normal weiter futtern kann und trotzdem spätestens in einer Woche wieder superschlank bin!" – „Das schaffst du nie!", ruft Gertrud siegessicher. Dann erkundigt sie sich neugierig: „Und worum wetten wir?" „Hmh", überlegt Minka, „wenn ihr gewinnt, bekommt ihr alle einen Extra-leckerbissen von mir. Und wenn ich gewinne, müsst ihr mir einen Gefallen tun." – „Hurra, die Wette gilt!", oinkt Schwartes kleine Schwester Lara begeistert. Für Leckerbissen ist sie immer zu haben. Außerdem ist Lara ganz sicher, dass Minka ihre Wette verlieren wird …

23

Eine Woche später macht Schwarte eine tolle Entdeckung: „Seht mal da! Lauter kleine Minkas!" Und tatsächlich – auf dem Hof tummeln sich drei winzige, kuschelige Katzenkinder, die Minka bis auf die Schnurrhaare ähnlich sehen. „Na, so was", staunt Gertrud, „Minka ist Mama geworden!" Wer hätte das gedacht? Wieder schnattern, gackern, grunzen und krähen alle durcheinander. „Wie niedlich die kleinen Racker sind!", ruft der Hahn Fridolin entzückt. „Und so schlank", staunt Schwartes Mutter.
„Ganz die Mama", meint Gertrud. „Ja, Minka sieht richtig hübsch aus heute" findet sogar Wilhelmine. Plötzlich prustet Gertrud los: „Wisst ihr, was? Minka hat unsere Wette gewonnen!"

24

„Herzlichen Glückwunsch, Minka!", kräht Fridolin fröhlich. „Die sind ja soo niedlich, deine getigerten Kätzchen! Und du bist eine bezaubernd schöne Mutter. Du hast unsere Wette gewonnen." Gertrud, Wilhelmine und Schwarte nicken heftig.

Glücklich schnurrt Minka: „Danke für eure guten Wünsche." Und schelmisch fügt sie hinzu: „Dann darf ich euch ja jetzt um einen Gefallen bitten!"

„Tja nun …", murmelt Fridolin. Doch bevor noch irgendjemand protestieren kann, sagt Minka schnell: „Ich wünsche mir, dass ihr abwechselnd Baby-sitter für meine kleinen Räuber seid." Damit sind alle einverstanden.

„Wenn's weiter nichts ist …", seufzt Wilhelmine erleichtert.

So kommt es, dass Minkas Kinder immer Freunde zum Spielen haben …

Die Quasselente

„Quaak quakquakquak quaakquak … Plantschen ist ja soo toll!", freut sich die Ente Lisa. Munter plaudert sie weiter: „Findet ihr nicht auch, dass wir heute wunderschönes Wetter haben?" Begeistert paddelt Lisa im Teich herum und spritzt dabei mächtig viel Wasser durch die Gegend. „Ich bin ja so froh, eine Ente zu sein!", gluckst Lisa fröhlich.

Vor lauter guter Laune merkt Lisa gar nicht, dass die anderen Tiere noch ganz verschlafen sind. „Stell doch mal einer diese Ente ab!", knurrt der Frosch Ferdinand grimmig. Und auch die Gänse beschweren sich: „Das ist ja nicht auszuhalten, diese Plapperei am frühen Morgen. Wie kann eine kleine Ente nur so eine große Plaudertasche sein?" Selbst Lisas beste Freundin, das Huhn Susi, schimpft: „Mensch, Lisa, jetzt hast du meine Küken geweckt! Die sollten doch noch ein bisschen schlafen."

Mit einem Schlag ist Lisas gute Laune verflogen.

„Pöh, wenn ich euch alle nur störe, dann suche ich mir eben einen anderen Teich. Und zwar einen mit netter Gesellschaft, ihr ... ihr ... ihr ..." Lisa ist so beleidigt, dass ihr kein gutes Schimpfwort einfällt. „... Miesepeter!", schnauft sie nach einer Weile empört. Doch da ist sie schon außer Hörweite.

„Jawohl, Miesepeter! Sollen die doch ruhig alle vor sich hin muffeln. Ich bin jedenfalls eine fröhliche Ente. Und ich plaudere ab jetzt nur noch mit lustigen Tieren." Lisa ist schrecklich aufgebracht. Sie merkt noch nicht einmal, dass sie den ganzen Flug über mit sich selbst spricht. Plötzlich hört sie eine Stimme:

„Mit wem sprichst du denn da?", erkundigt sich die Stimme neugierig. Als Lisa nach unten schaut, entdeckt sie einen Enterich, der an einem See steht und verwundert zu ihr hochguckt. Da setzt Lisa zur Landung an.

Ein bisschen außer Puste landet sie am Ufer. „Ja also, weißt du … Ich war gerade ganz in Gedanken und da hab ich wohl mit mir selbst gesprochen", murmelt Lisa verlegen. Dann fällt ihr ein, dass sie sich noch gar nicht vorgestellt hat. Schnell fügt sie hinzu: „Ich heiße Lisa und wohne am Mühlenteich. Aber da kann ich nicht bleiben, weil meine Freunde finden, dass ich zu viel plappere. Dabei stimmt das nicht so ganz. Eigentlich sind die anderen bloß Morgenmuffel."

Lisa will gerade Luft holen, um weiterzuerzählen, als der nette Enterich sie lachend unterbricht: „Soso, Lisa vom Mühlenteich. Mein Name ist Timotheus. Aber du darfst mich Tim nennen. Freut mich sehr, dich kennen zu lernen, schöne Lisa." Lisa wird ganz rot vor Verlegenheit. So einen netten Enterich hat sie noch nie getroffen! Doch mitten im schönsten Geschnatter hören die zwei ein lautes Summen im Schilf. Es ist Pucki, die Libelle vom Mühlenteich. „Pucki, was machst du denn hier?", ruft Lisa überrascht. „Ich soll dir sagen", japst Pucki atemlos, „dass wir dich ganz doll vermissen und dass wir dich wiederhaben wollen und dass es bei uns viel zu ruhig ist ohne dich", beendet die Libelle ihren Satz. Damit hatte Lisa nun wirklich nicht gerechnet. Es will ihr einfach nicht gelingen, ihren alten Freunden noch länger böse zu sein. Von ihrem neuen Freund Tim möchte Lisa sich aber auch nicht trennen.

„Hast du vielleicht zufällig Lust, meine Freunde vom Mühlenteich kennen zu lernen?", fragt sie den Enterich schüchtern. „Du meinst diese Morgenmuffel?", grinst Tim. „Na ja", nuschelt Lisa, „eigentlich sind sie ganz nett." „Na klar möchte ich die kennen lernen", schmunzelt Tim. „Wenn sie dich so sehr vermissen, können sie ja nur nett sein!"
Lachend und um die Wette plappernd fliegen Lisa und Tim zurück zum Mühlenteich. Sie schnattern so laut, dass man sie schon von weitem hören kann. „Guckt mal!", gackert Susi glücklich, „Lisa ist wieder da! Und sie hat einen Freund mitgebracht!" Das finden alle toll. Sogar Ferdinand freut sich: „Also, wenn ich ehrlich bin, kann ich mir keinen fröhlicheren Wecker vorstellen als ein Entenpärchen!"

Schnuffels großer Tag

„Hoppla", denkt Kater Kasimir, „was ist denn bloß mit Schnuffel los?"
Schnuffel ist der lustige kleine Mischlingshund des Nachbarjungen Jonas.
Aber heute sieht Schnuffel gar nicht fröhlich aus. „He, Schnuffel!", ruft Kasimir, „was machst du denn für ein trauriges Gesicht?" – „Ach, ich weiß nicht", seufzt Schnuffel, „heute ist irgendwie alles doof. Niemand hat mich lieb und gar niemand will mit mir spielen und überhaupt …"

„Wir könnten zusammen auf dem Dach entlang balancieren", schlägt Kasimir vor. „Von hier oben hat man eine tolle Aussicht!" Diese Idee findet Schnuffel nicht so gut. „Balancieren?", brummt er. „Dafür bin ich doch viel zu tapsig!" Traurig lässt Schnuffel die Ohren hängen. „Ich kann überhaupt nix", murmelt er leise und tut sich furchtbar Leid. „Weder so elegant balancieren wie Kasimir noch so ein tolles Rad schlagen wie der Pfau Jakob noch so schön laut krähen wie der Hahn Anton. Und bunt bin ich auch nicht … Ich bin wirklich ein armer Hund."
Weil die Welt soo ungerecht ist und weil Schnuffel sich soo Leid tut, beschließt der arme Hund auszuwandern.

„Hmh", überlegt Schnuffel nach einer Weile, „wie weit muss man wohl wandern, wenn man auswandern möchte?" Eigentlich ist er nämlich schon ziemlich müde. Deshalb macht er unten am Fluss erst mal eine kurze Pause zum Verschnaufen. Da entdeckt er seine Freunde Laura und Tom, die im Wasser von Stein zu Stein springen.
„Fang mich doch!", ruft Laura zu Tom hinüber. Und schon setzt Tom zu einem gewaltigen Hüpfer an. „Boah", denkt Schnuffel neidisch, „wenn ich nur auch so weit springen könnte …"

Kaum hat Schnuffel seinen Gedanken zu Ende gedacht, als Tom mit einem
riesen Platsch ins Wasser fällt. „Hilfe! Ich kann doch nicht schwimmen!",
ruft Tom und rudert verzweifelt mit den Vorderpfoten.
Mit einem Satz ist Schnuffel im Wasser. „Halte durch, Tom, ich rette dich!",
prustet Schnuffel. So schnell er kann, schwimmt er zu Tom hinüber.
Laura kann gar nicht hinsehen, so viel Angst hat sie um Tom und Schnuffel.
Doch Schnuffel ist ein klasse Schwimmer – schließlich wirft sein Herrchen
zum Spaß immer Stöcke ins Wasser, die Schnuffel dann zurückbringt.
„Siehst du, da bin ich schon, Tom", japst Schnuffel.
Sanft packt er Tom am Genick und zieht ihn ans Ufer.

Erleichtert atmet Laura auf: „Puuh, ich hab mir ja solche Sorgen gemacht. Bin ich froh, dass ihr beide wieder in Sicherheit seid!"

„Na, und ich erst!", hustet Tom. Er hat ein bisschen Wasser geschluckt, aber sonst geht es ihm gut. Als Toms Fell nicht mehr ganz so sehr tropft und der kleine Hase sich von dem Schreck erholt hat, fragt er:

„Was ist eigentlich genau passiert? Das ging alles so furchtbar schnell …"

„Also, das war so", beginnt Laura, „du bist ausgerutscht und ins Wasser gefallen. Und Schnuffel hat sich, ohne mit der Wimper zu zucken, mit einem gaaaanz tollen Kopfsprung ins Wasser gestürzt, um dich zu retten. Pfeilschnell ist er auf dich zugeschwommen und hat dich gerade noch rechtzeitig erwischt. Schnuffel hat dir das Leben gerettet, Tom!"

An dieser Stelle muss Laura noch mal tief Luft holen, weil alles so aufregend war. Tom macht ganz große Augen. „Ist das wahr, Schnuffel?", fragt er staunend. „Nun ja …", sagt Schnuffel verlegen.

„Aber dann bist du ja ein richtiger, echter Held!", ruft Tom bewundernd. Da strahlt Schnuffel vor Stolz über das ganze Gesicht.

Plötzlich findet er gar nicht mehr, dass er ein armer Hund ist. Und siehe da: Die Welt sieht gleich viel fröhlicher aus …

34

Vier Freunde und ein Floß

Was für ein schöner Sommertag! Die Sonne scheint und am Himmel ist kein
einziges Wölkchen zu sehen. Der Hirsch Bastian und seine Freunde, die
Füchsin Ronja und der Igel Benni, stehen am Flussufer und schauen dem
Biber Max beim Plantschen zu. „Ach ja", seufzt Bastian mit einem sehn-
süchtigen Blick auf das klare Wasser, „schwimmen müsste man können!"
„Jaaa, das wäre schön!", ruft Benni begeistert. Da hat Ronja eine Idee:
„Ich hab's! Wir bauen uns einfach ein Floß!" – „Was ist das denn?", wollen
Bastian und Benni wissen. „Ein Floß ist ein Boot aus Baumstämmen", erklärt
Ronja wichtig. „Aha", staunt Bastian, „und wo kriegen wir die Bäume her?"
Auch darüber hat Ronja schon nachgedacht. „Die kann Max für uns fällen.
Wir binden sie dann nur noch zusammen und schon kann's losgehen."
„Ein toller Plan", findet Bastian. Und auch Benni muss zugeben: „So schlaue
Einfälle wie du hat sonst niemand, Ronja!" Stolz richtet Ronja sich auf:
„Ich bin halt eine Füchsin …"

Der pummelige Max findet die Idee mit dem Floßbau nicht so gut, denn Bäumefällen ist anstrengend. Aber schließlich ist er ein gutmütiger Biber. „Was tut man nicht alles für seine Freunde?", seufzt Max, als er an einem besonders hartnäckigen Buchenstamm knabbert.

Bastian und Benni geraten auch ganz schön ins Schnaufen – Ronja ist eine strenge Bootsbauerin. „Du musst die Schilfhalme noch fester anziehen, Benni", schimpft Ronja, „sonst geht unser Boot kaputt. Außerdem brauchen wir noch viel, viel mehr Schilf, Bastian." – „Und wie viele Bäume muss ich noch fällen?", erkundigt sich Max vorsichtig. Ronja zählt: „Eins, zwei, drei, vier, fünf haben wir schon, dann brauchen wir noch zwei."

„O je", stöhnt Max, „meine armen, alten Zähne!"

„Ob unser Floß wohl jemals fertig wird?",
murmelt Benni vor sich hin. Doch Ronja hat
ihn gehört. „Natürlich wird unser Floß
fertig!", ruft sie. Und da hat sie mal wieder
Recht. Einige Stunden später ist das Floß
tatsächlich startklar. „O. k., Jungs, es geht
los!", kommandiert Ronja. „Bastian und
Benni, ihr packt da drüben an und Max und
ich hier vorn. Zusammen kriegen wir das Floß
schon ins Wasser."

„Das hat ja prima geklappt!", jubelt Max, als sie das Floß sicher zu
Wasser gelassen haben. Bastian und Benni nicken begeistert.
„Juhu, wir schwimmen!", freut sich Ronja, „Schiff ahoi!"
„Was heißt das denn schon wieder?", fragt Benni verwundert. „Das sagt
man halt so, wenn man eine Bootstour macht", antwortet Ronja.
„Was du alles weißt …", staunt Benni. Auch Bastian will in Bewunderung
ausbrechen, doch da fällt ihm etwas Wichtiges ein: „Haben wir eigentlich
auch ein Lenkrad?"– „Bei Schiffen heißt das Ruder", verbessert ihn Ronja.
Dann stellt sie fest, dass das eigentlich eine gute Frage ist.
„Hmh", nuschelt sie kleinlaut, „das müssen wir wohl in der Eile vergessen
haben …" Unterdessen treibt das Floß immer schneller flussabwärts.
„Und wie sollen wir jetzt zurück ans Ufer kommen, Frau Füchsin?", möchte
Bastian wissen.

Ausnahmsweise ist Ronja ratlos – aber das soll natürlich keiner merken. Gott sei Dank kennt sich Max aus: „Da vorn macht der Fluss eine Biegung. Mit ein bisschen Glück werdet ihr dort so nah ans Ufer getrieben, dass ihr schnell an Land springen könnt. „Ja genau", sagt Ronja gerade so, als wäre das ihre Idee gewesen. Und tatsächlich: Mit einem großen Satz können sich Ronja und Bastian ans Ufer retten. Benni hat so kurze Beine, dass er huckepack bei Ronja mitspringen darf. „Uff", japst die Füchsin, „ich hätte wirklich nicht gedacht, dass Schwimmen so aufregend ist!" Bastian tröstet sie: „Macht nix, Ronja, schließlich kannst du nicht alles wissen." Da müssen die Freunde so sehr lachen, dass sie beinahe wieder ins Wasser fallen.

Das bunte Schaf

Auf dem Bauernhof ist es heute verdächtig ruhig. Der kleine Hund Stups überlegt, woran das wohl liegen könnte. Nach einer Weile weiß er es: „Ich hab heute noch gar keinen Mucks von Locke gehört!"
Das fröhliche Schaf Locke ist die beste Freundin von Stups. Aber heute sieht Locke furchtbar traurig aus. „Nanu, Locke, geht's dir nicht gut?", erkundigt sich Stups besorgt. „Nee", blökt Locke, „ich hab gerade in einer Pfütze mein Spiegelbild gesehen." – „Na und?", fragt Stups ratlos.
„Ich bin so schrecklich blass", mäht Locke kläglich, „dabei wäre ich doch viel lieber bunt." Das haben die anderen Tiere gehört.

„Wie gut, dass heute Waschtag ist!", denkt die Katze Katinka. „Da hängen so viele bunte Sachen auf der Wäscheleine, dass wir bestimmt eine hübsche Verkleidung für Locke finden!"

40

Und – schwupp – schon klaut Katinka eine besonders lustige Ringelsocke.
Das Pony Carlos ahnt schon, was Katinka vorhat. „Hmh", überlegt Carlos, „dieser Pulli steht Locke bestimmt auch gut." Mit einem kräftigen Ruck zupft Carlos den Pullover von der Wäscheleine und trägt ihn rüber zu Locke. „Was für ein lustiges Spiel!", schnattern die Entenküken. „Mama, da wollen wir auch mitmachen!" – „Dafür seid ihr noch zu klein, ihr Räuber", erklärt Entenmutter Tina. „Ihr kommt doch noch gar nicht an die Wäscheleine ran."

41

Locke findet die Idee mit der Verkleidung oberprima. Schnell schlüpft sie in Pulli und Socken. „Hui, siehst du toll aus!", kläfft Stups fröhlich. „Jetzt fehlt nur noch ein Klecks Rot, dann bist du wirklich überhaupt gar nicht mehr blass!" Begeistert schleppt Stups die rote Pudelmütze von der Wäscheleine an. „Bin ich jetzt richtig bunt?", will Locke wissen. „Absolut!", findet Stups. Da fühlt Locke sich schon gleich viel besser. Endlich blökt sie wieder fröhlich vor sich hin. „Hurraa!", jubeln Carlos, Stups und Katinka. „Locke hat wieder gute Laune! Dann können wir ja zusammen Fangen spielen." – „Au ja", freut sich Locke, „heute krieg ich euch bestimmt!"

Doch die vielen Klamotten stören Locke beim Rennen. Die Ringelsocken kratzen, die Pulloverärmel sind immer im Weg und die dumme Pudelmütze rutscht ihr ständig ins Gesicht. „Ich kann gar nix sehen", beschwert sie sich und fällt prompt auf die Nase. „Hihi! Dann spielen wir eben Blindekuh!", kichert Katinka. „He, sehe ich vielleicht aus wie eine Kuh?", schnauft Locke empört. „T'schuldigung – ähm – Blindesschaf wollte ich natürlich sagen", maunzt Katinka hastig.

Zuerst ist Locke noch ein bisschen beleidigt, aber dann macht das Spiel plötzlich doch Spaß. Locke hört, wie die anderen vor Vergnügen wiehern, miauen und jaulen und erwischt sie schließlich alle drei.

Völlig außer Puste plumpsen die Freunde ins weiche Gras und halten sich noch lange vor Lachen die Bäuche. So lange, bis sie aus der Ferne die Kirchenglocken läuten hören. „O je", sagt Stups erschrocken, „wenn es so oft läutet, muss es schon ziemlich spät sein …"

Schnell laufen Carlos, Katinka, Locke und Stups zum Hof hinüber und hängen die Kleidungsstücke zurück auf die Wäscheleine.

„Da bist du ja!", ruft Lockes Mutter Carla, „ich muss dir was erzählen."
„Was denn, Mama?", fragt Locke neugierig. „Morgen kommt jemand, der
unser Fell schert", berichtet Carla. „Schert?", staunt Locke. Dieses Wort
kennt sie noch nicht. „Es kommt jemand, der uns die Haare schneidet",
erklärt Carla geduldig. „Tut das weh?", erkundigt sich Locke.
„Aber nein", beruhigt ihre Mama sie, „das spürst du gar nicht."
Erleichtert atmet Locke auf. Sie ist nämlich ein kleiner Angsthase.
„Und was passiert dann?", möchte Locke wissen. Carla erzählt weiter:
„Aus unserem Fell werden lange, lange Wollfäden gemacht. Und aus
denen stricken die Menschen Pullover und Socken."
„Ach so!", blökt Locke. Plötzlich kichert sie: „Pullover sind doof, weil die
so lange Ärmel haben, und Socken kratzen ganz fürchterlich."
Jetzt staunt Carla: „Woher weißt du das denn?" Da erzählt Locke
ihrer Mama die ganze Geschichte von dem blassen Spiegelbild,
den lieben Freunden, der bunten Verkleidung und dem Blindesschafspiel –
so lange, bis dem kleinen Schäfchen vor Müdigkeit die Augen zufallen.

44

Ein Schmetterling für Bandit

Hurraa! Die Dalmatinerkinder Julia, Pünktchen und Bandit machen mit ihrer Mutter Sophie einen Ausflug in den Wald. „Hier gibt es ja so viel zu sehen", staunt Julia. „Und die Luft riecht viel besser als zu Hause", schnüffelt Pünktchen begeistert, „findest du nicht auch, Bandit?" Aber der kleine Räuber hört gar nicht zu. Gerade hat Bandit zwei bunte Schmetterlinge entdeckt. Er ist ganz verzaubert von den schillernden Faltern. „Ob ich wohl genau so schnell laufen kann, wie die beiden fliegen?", überlegt Bandit. Doch es ist gar nicht so einfach, die Schmetterlinge einzuholen. Sie flattern mal hierhin und mal dorthin, wie es ihnen gerade gefällt. Bandit ist schon ganz schwindlig vom Zusehen und Nachlaufen.

„Ui, dreht sich bei euch auch alles?", fragt Bandit verwirrt und schaut
sich nach seiner Familie um. „Nanu! Wo seid ihr denn?"
Doch Bandit bekommt keine Antwort. „Bestimmt haben sich die drei
versteckt", denkt Bandit, „und ich soll sie jetzt suchen."
Aufgeregt schaut Bandit hinter jeden Baum und hinter jeden Strauch.
Aber bald hat er keine Lust mehr, Verstecken zu spielen.
„Alles klar, ihr könnt jetzt rauskommen. Ihr habt gewonnen!", bellt
Bandit. – Nichts rührt sich. Langsam kriegt Bandit ein mulmiges Gefühl
im Bauch. „Huch, die sind ja wirklich weg", murmelt er ratlos.
„Was mach ich denn jetzt bloß?"
„Schuhuh", klingt es dumpf aus einem hohlen Baumstamm.
All diese fremden Geräusche! Schnell läuft Bandit hinüber zu der
kleinen Lichtung. „Da ist es wenigstens nicht so dunkel", tröstet er sich.

Aber unheimlich ist es trotzdem. „Huhuhu", jault Bandit, „ich bin ja sooo hundeseelenallein!"

Plötzlich raschelt es im Gebüsch. Zitternd spitzt Bandit die Ohren.

„Hallo?", fragt er ängstlich. „Wer raschelt denn da?"

„Ich bin's", ruft das kleine Kaninchen, „Murcks! Und wer bist du?"

„Ich heiße Bandit", murmelt der einsame Dalmatiner.

„Warum bist du denn so traurig, Bandit?", möchte Murcks wissen.

„Meine Mama ist weg", schluchzt Bandit, „und ich weiß nicht, wo ich noch suchen soll." – „Dann suchen wir eben zusammen", schlägt Murcks vor.

„Ich kenne jeden Winkel hier im Wald. Wie sieht deine Mama denn aus?"

Rasch wischt sich Bandit mit den Pfoten die Tränen aus den Augen.

„Sie ist groß und sie hat ein weißes Fell mit schwarzen Flecken. Und außerdem hat sie wunderschöne dunkle Augen."

Murcks hört staunend zu. Als Bandit mit seiner Beschreibung fertig ist, ruft das kleine Kaninchen aufgeregt: „Also, wenn deine Mama genau so aussieht, wie du sie gerade beschrieben hast, dann weiß ich, wo sie ist!"

„Wirklich?", fragt Bandit voller Hoffnung. „Wo denn?"

„Komm mit, ich zeig's dir!", antwortet Murcks.

Aufgeregt läuft Bandit dem hoppelnden Kaninchen nach.

„Hurra!", freut sich der kleine Hund, „gleich bin ich wieder bei Mama und alles wird gut."

47

„Wie weit ist es denn noch?", schnauft Bandit nach einer Weile.
Murcks ist nämlich ganz schön schnell. Und er schlägt beim Hoppeln immer so komische Haken. Deshalb ist es gar nicht so einfach, ihm zu folgen. „Wir sind gleich da", verspricht Murcks. „Da vorn ist deine Mutter schon. Siehst du sie?" Gespannt schaut sich Bandit nach allen Seiten um.
„Nein, wo denn?", fragt der kleine Dalmatiner ratlos.
„Na, da drüben! Die mit der Blume im Maul!", ruft Murcks ungeduldig. Jetzt sieht Bandit, wen Murcks meint.
„Das ist doch nicht meine Mama", heult er enttäuscht.
„Bist du sicher?", will Murcks wissen. „Sie sieht doch genau so aus, wie du gesagt hast: Sie ist groß, hat ein weißes Fell mit schwarzen Flecken und wunderschöne dunkle Augen …"
„Aber meine Mama hat keine Hörner!", jault Bandit.
„Ooh, ich verstehe …", murmelt Murcks. Jetzt ist er auch ganz enttäuscht.
„Kann ich euch helfen, ihr beiden?", muht das große Tier, das nicht Bandits Mama ist. „Ähm", räuspert sich Bandit schüchtern, „das ist nämlich so: Eigentlich suchen wir meine Mama."
Bandit will gerade erklären, wie seine Mutter aussieht, als er ein fröhliches Bellen hört, das ihm sehr bekannt vorkommt.

Richtig! Es sind seine Schwester Julia und sein kleiner Bruder Pünktchen. Und wer noch? „Mama!", jubelt Bandit. Glücklich stürmt er auf seine Mutter zu. Dabei hat er so viel Schwung, dass er sie beinahe umrennt. „Wo warst du denn nur, mein kleiner Bandit?", fragt Sophie. „Ich hab mir solche Sorgen um dich gemacht."

„Ich bin.den bunten Schmetterlingen nachgelaufen", erzählt Bandit, „und auf einmal wart ihr alle weg. Da hab ich mich ein bisschen gefürchtet. Zum Glück kam ein kleines Kaninchen vorbei. Wir haben zusammen nach euch gesucht, aber da war nur dieses große gefleckte Tier mit den Hörnern …" Vor lauter Schreck muss Bandit noch mal tief durchatmen. Das hilft. Dann stupst er seine Mutter zärtlich mit der Nase an. „Ich bin ja so froh, dass wir alle wieder zusammen sind!", bellt Bandit fröhlich. „Und ab jetzt spiele ich nur noch mit euch Fangen, Julia und Pünktchen!"

49

Die Schlammschlacht

Die Tigerkatze Carolin schnappt im Wald frische Luft.
„Hallo, wer bist du denn?", fragt das kleine Wildschwein Philipp neugierig.
„Ich hab dich noch nie hier gesehen. Spielst du mit mir?"
„Ich heiße Carolin", antwortet die Tigerkatze, „und meine Mama sagt
immer, ich soll nicht mit fremden Kindern spielen."
„Entschuldigung", murmelt der Frischling verlegen, „ich hab mich ja noch
gar nicht vorgestellt. Mein Name ist Philipp. Jetzt bin ich nicht mehr fremd.
Also – was wollen wir spielen?" – „Ich glaube nicht, dass es ein Spiel
gibt, das uns beiden Spaß macht", maunzt Carolin hochnäsig.
„Und warum nicht?", möchte Philipp wissen.
„Weil wir zu verschieden sind", erklärt Carolin. „Sieh dich doch mal
an, Philipp. Du bist falsch herum gestreift!", kichert die Tigerkatze.

„Pöh", grunzt Philipp beleidigt, „was heißt denn hier falsch
herum gestreift? Deine Streifen sind falsch!"
Doch Carolin hört gar nicht zu. „Und außerdem riechst du so
seltsam", behauptet die Katze und rümpft ihr vornehmes
Näschen. Langsam wird Philipp die Sache zu bunt.
„Na gut, wenn du nicht willst, dann spiel ich eben allein!",
beschließt er und springt mit einem Riesensatz in die nächste
Schlammpfütze. „Jippi!", ruft Philipp und wälzt sich im
Matsch, dass es nur so spritzt.
Carolin guckt aus sicherer Entfernung zu. Trotzdem hat sie
einen Spritzer Dreck abbekommen. „Du bist ein Schwein!",
schnauft sie und funkelt Philipp empört an. „Stimmt", gluckst
Philipp, „ein Wildschwein, wenn du's genau wissen willst!"
Da muss Carolin mitlachen. „Wahrscheinlich bist du doch ein
ziemlich nettes Schwein", schmunzelt sie.
„Siehste!", ruft Philipp fröhlich. „Spielst du jetzt endlich mit?"

Eine kleine Weile zögert Carolin noch: „Eigentlich sagt Mama immer, ich soll mich nicht so schmutzig machen …"

Aber als sie Philipps enttäuschtes Gesicht sieht, kann sie nicht anders, als mit Anlauf mitten in die Pfütze zu springen. Platsch! Der Schlamm spritzt überallhin. Auch auf Philipp. „Hihi", lacht Carolin, „jetzt sieht man gar nicht mehr, dass du falsch herum gestreift bist!"

„Fängst du schon wieder damit an?", schnauft Philipp. „Na, warte!"

Und im Nu ist die schönste Schlammschlacht im Gang.

„Hurraa", jubelt Carolin, „das macht ja wirklich Spaß!"

„Sag ich doch die ganze Zeit", grinst Philipp, „aber das Fräulein Tigerkatze war ja zu vornehm für solche Spiele …" Das will Carolin nicht auf sich sitzen lassen. „Ha, nimm das!", ruft sie und schleudert Philipp eine geballte Ladung Matsch entgegen.

Die beiden toben und lachen und prusten und plantschen so sehr, dass sie gar nicht merken, wie schnell die Zeit vergeht.

„Höchste Zeit zum Abendessen, ihr beiden Racker", ruft Philipps
Mutter plötzlich. „Zack, zack! Ab nach Hause, Philipp und Emil."
„Emil?", flüstert Carolin, „wer ist das denn?"
„Mein Bruder", kichert Philipp, „Mama hat dich mit ihm verwechselt!
Siehste, du Schlaubergerin? So verschieden sind wir gar nicht!"
Und seit diesem Tag sind Carolin und Philipp dicke Freunde.

Der Hüpfwettbewerb

Im Wald herrscht große Aufregung. „Alle mal herhören!", schuhuht die Eule Lotta. „Gleich beginnt unser diesjähriger Hüpfwettbewerb. Am Start seht ihr das Kaninchen Hops, den Frosch Quax und das Eichhörnchen Bonni. Wer am weitesten springt, hat gewonnen", erklärt Lotta. „Ich wünsche den Teilnehmerinnen und Teilnehmern viel Glück und uns allen einen spannenden Wettbewerb!"
Das Publikum tuschelt und raunt und grunzt und quiekt.
„Ich bin ja soo gespannt, wer Sieger wird!", wispert der Maulwurf Moppel. „Was glaubst du, Tim?" Der Igel überlegt.
„Hmh, schwierige Frage. Die drei können alle sehr gut hüpfen. Aber ich glaube, dass Hops gewinnt. Oder vielleicht doch Quax? Andererseits ist Bonni auch eine starke Springerin …"
„Ruhe jetzt, ihr Quasselstrippen!", klappert der Storch Alexander streng. „Die drei müssen sich konzentrieren."

„Nanu, was ist denn hier los?", fragt der kleine Bernhardiner Taps neugierig. „Warum seid ihr denn alle so aus dem Häuschen?" Wichtig plustert Lotta sich auf: „Unser Hüpfwettbewerb geht gleich los. Du solltest dir schnell einen Platz im Publikum suchen, Kleiner!" Doch mit dieser Antwort ist Taps nicht zufrieden. „Hüpfwettbewerb?", fragt er und wedelt aufgeregt mit dem Schwanz. „Darf ich da auch mitmachen?" Bonni und Hops prusten vor Lachen: „Du willst an unserem Wettbewerb teilnehmen, Taps? Dafür bist du doch viel zu tollpatschig!" Und auch Quax findet: „Das ist nix für kleine Bernhardiner." Traurig lässt Taps die Ohren hängen. „Schade", murmelt er, „ich wäre sooo gern dabei gewesen …" Enttäuscht tapst der kleine Hund zum Publikum hinüber.

Da gibt Lotta auch schon das Startkommando: „Auf die Plätze, fertig, los!"
Hui! Bonni macht einen Riesensprung. Hops ist ganz dicht hinter ihr.
„Fliiiiiiieeeeeg!", feuert Alexander das Kaninchen an. Und die Wild-
schweinfamilie quiekt: „Bonni vor!"
Doch was ist mit Quax? Der Frosch hat sich beim Startkommando so sehr
erschreckt, dass er nur einen ganz kleinen Hüpfer zustande bringt.
„Los, Quax, du schaffst sie alle!", brüllen Moppel und Tim.
Dabei ist sich Moppel gar nicht so sicher, ob er den grünen Frosch im
grünen Gras überhaupt sieht. Jedenfalls macht es dem kleinen Maulwurf
mächtig viel Spaß, hier mit seinen Freunden zu stehen und zu jubeln.
„So ein toller Hüpfwettbewerb!", schwärmt er. „Was meinst du, Tim, ob wir
wohl auch mal einen Wettbewerb im Gängegraben veranstalten könnten?"
„Bestimmt", lacht Tim, „aber du wärst sicher der einzige Teilnehmer ..."

56

Hoch über den Köpfen der anderen Tiere flattert Lotta. Als Schiedsrichterin muss sie alles ganz genau beobachten.

„Bonni führt", berichtet Lotta, „dicht gefolgt von Hops, der im vorigen Jahr gewonnen hat. Quax scheint ein kleines Problem mit dem Gegenwind zu haben, aber noch ist nichts entschieden, noch sind alle in der Luft, verehrtes Publikum."

Fasziniert verfolgen die Zuschauer den Wettkampf.

„Das ist ja sooo spannend!", wispert Moppel. Tim nickt: „Find ich auch."

Nur Taps ist abgelenkt. Hinter ihm hat etwas geraschelt und gepiepst.

„Das ist doch nicht etwa eine Maus?", flüstert er und sieht sich ängstlich um.

„Und ob!", piepst das winzige graue Tier frech.

„Huaaaah!", jault Taps, zuckt zusammen, macht vor lauter Schreck einen unfreiwilligen Satz nach vorn …

... und fliegt ... und fliegt ... und fliegt!

„He, du da, du springst in die falsche Richtung!", ruft Hops. Plötzlich stutzt er: „Das ist ja Taps!" – „Tatsächlich", staunt Bonni, „was macht der denn hier?"

Dem Frosch Quax sind fliegende Hunde unheimlich: „Hoffentlich landet er nicht auf meinem Kopf", quakt er und macht sich ganz klein.

„Wo willst du denn hin, Taps?", möchte Hops wissen. „Weiß ich noch nicht", knurrt Taps von oben. „Nur weg von dieser Maus! Mäuse mag ich gar nicht."

„Aber dann verpasst du ja unsere Siegerehrung!", ruft Bonni dem kleinen Hund hinterher. Für sie ist sonnenklar, dass sie den Wettbewerb gewonnen hat. Natürlich möchte sie, dass möglichst viele Tiere bei der Preisverleihung zusehen und sie bewundern. Bonni ist ein eitles Eichhörnchen.

Da landet Taps endlich sicher auf allen vier Pfoten im weichen Gras.

Kurze Zeit später ist es so weit: Siegerehrung!
„Wir haben uns hier versammelt", schuhuht Lotta, „um den Gewinner unseres Hüpfwettbewerbs zu belohnen."
Stolz richtet sich Bonni auf und blinzelt keck in die Runde. Doch was ist das? Lotta geht schnurstracks auf Taps zu! „Herzlichen Glückwunsch, lieber Taps! Ein großartiger Sprung!", gratuliert die Eule und hängt Taps einen bunten Blätterkranz um den Hals.
„Moment mal", mault Hops, „der ist doch in die falsche Richtung gehüpft!" Quax und Bonni murmeln zustimmend. Doch Lotta lässt sich nicht beirren. „Was heißt denn hier falsche Richtung?", will sie wissen. „Taps ist in eine andere Richtung gesprungen als ihr. Das ist nicht verboten. Es bleibt dabei", erklärt Lotta ruhig, „der Hund ist eindeutig am weitesten gesprungen, das hab ich ganz genau gesehen." Und weil Taps so ein lieber kleiner Kerl ist, müssen sich die anderen einfach mit ihm freuen. „Aber nächstes Jahr gehst du dann gleich mit an den Start", schmollt Bonni. „Das wollte ich ja!", schmunzelt Taps, „aber irgendjemand fand, ich sei zu tollpatschig …"
Da müssen alle lachen. Und das Publikum jubelt so laut, dass man es noch im nächsten Dorf hören kann.

Manege frei für Muckel!

In dem kleinen Städtchen am Waldrand gastiert ein Zirkus. Da muss das neugierige Kaninchen Muckel doch gleich mal nachsehen, ob es hier neue Freunde zum Spielen gibt. Und tatsächlich: Auf der Treppe zu dem lustigen gestreiften Wagen hockt ein weißes Kaninchen, das sehr nett aussieht. „Hallo, ich heiße Muckel", stellt Muckel sich vor. „Und wer bist du? Und vor allem: Möchtest du mit mir spielen?" Das weiße Kaninchen lacht: „So viele Fragen auf einmal! Also: Ich heiße Flöckchen und ich möchte sehr gern mit dir spielen."

„Au fein!", freut sich Muckel. „Das da drüben sind meine Geschwister Lena, Marie und Floh. Die spielen am liebsten Fangen. Wollen wir da mitmachen?"
„Na klar!", ruft Flöckchen begeistert und saust schon los.
So flott, dass Muckel kaum hinterherkommt. Erst nach einer Weile holt er Flöckchen ein. „Für ein Zirkuskaninchen bist du ganz schön schnell!", schnauft Muckel. „Was soll das denn heißen?", möchte Flöckchen wissen.
„Na ja", druckst Muckel herum, „ich hab mal gehört, dass Zirkuskaninchen immer nur in Hüten rumsitzen und darauf warten, sich da wieder rausziehen zu lassen …" Zum Glück ist Flöckchen nicht beleidigt. „So einfach ist das nicht", lacht sie und fügt geheimnisvoll hinzu: „Damit der Zaubertrick klappt, muss man schon ein ganz besonderes Kaninchen sein. Aber mehr darf ich dir nicht verraten." – „Schade", schmollt Muckel. Plötzlich hört man ein leises Knurren. „Was ist das denn für ein komisches Grummeln?", möchte Flöckchen wissen. „Uups!", antwortet Muckel verlegen, „das ist mein Magen. Ich hab einen Bärenhunger! Komm mit, Flöckchen, wir machen ein Picknick im Gemüsegarten!"

„Mmmh", mümmeln Lena und Floh, „der Salat schmeckt heute besonders knackig." Flöckchen staunt. So viele verschiedene Leckerbissen hat sie noch nie gesehen. „Ihr habt's gut", schmatzt sie und schluckt einen großen Happen Möhre hinunter. „Jeden Tag so feines Futter. Und Fangen spielen finde ich auch toll! Im Zirkus bin ich das einzige Kaninchen. Das ist manchmal ganz schön langweilig."
„Langweilig?", fragt Muckel erstaunt. „Aber bei euch gibt es doch so viel zu sehen! Das schöne Zelt, die lustigen Wagen, die vielen bunten Lichter …" Auf einmal sieht Muckel ganz traurig aus. „Ich wüsste zu gern, wie euer Zelt von innen aussieht", murmelt er. „Wie das wohl ist, vor einem großen Publikum zu stehen und ganz viel Applaus zu bekommen?"

Da hat Flöckchen eine Idee. „Kommt doch
einfach mit mir! Die Vorstellung muss gleich
beginnen und irgendwie schmuggle ich euch
schon ins Zelt." – „Au ja!", freuen sich Lena,
Marie, Floh und Muckel. „Und dann zeigst
du uns auch, wie euer Zaubertrick mit dem
Hut funktioniert, ja?", bettelt Muckel.
„Mal sehen", schmunzelt Flöckchen.

Dann geht plötzlich alles ganz schnell. Muckel und seine Geschwister hören nur, wie der Zirkusdirektor ruft: „Meine Damen und Herren, liebe Kinder! Sehen sie nun den größten Zauberer aller Zeiten. Manege frei für Meister Magicus!" Das Publikum klatscht wie wild.

Aber auf einmal wird es mucksmäuschenstill. Ein Trommelwirbel, ein Tusch und – Simsalabim – schon sitzen Flöckchen, Muckel, Lena, Floh und Marie auf einem runden Tisch, mitten in der Manege, mitten im Scheinwerferlicht.

„Bravo!", jubeln die Zuschauer und klatschen und stampfen vor Begeisterung mit den Füßen.

„Hui!", staunt Muckel. „So viele Menschen … Klatschen die alle für uns?"

„Na klar!", lacht Flöckchen.

„Und wie sind wir hierher gekommen?", will Muckel wissen.

Flöckchen grinst: „Das bleibt mein Geheimnis! Aber es hat etwas mit Zauberei zu tun …"

Die Indianermäuse

Nanu! Was ist denn heute im Meerschweinchengehege los? Kein Huschen und Trippeln, kein Quieken und Fiepen – alles ist ruhig. Die Mäuse Jimmy, Bille und Sam wundern sich. „He, ihr drei!", piepst Bille. „Seid ihr krank?"
„Nö", seufzt das Meerschweinchen Blacky, „uns ist nur so langweilig!"
Blackys Freunde Hotte und Flecki nicken: „Schrecklich langweilig!"
Wie gut, dass der Mäuserich Sam immer so pfiffige Ideen hat.
„Wir könnten doch Wilder Westen spielen", schlägt er vor.
„Au ja!", ruft Blacky. „Das klingt spannend." Alle sind begeistert von Sams Idee. Da fragt Hotte neugierig: „Wie spielt man denn eigentlich Wilder Westen?" Der freche kleine Sam grinst. „Also", erklärt er, „wir müssen natürlich furchtbar wild aussehen. Am besten wie Indianer auf dem Kriegspfad. Dafür brauchen wir einen Kopfschmuck aus Federn."

„Federn?", fiept Flecki aufgeregt. „Ich weiß, wo's welche gibt. Bin gleich wieder da!" Schon saust er los, um dem dicken Truthahn Leo ein paar Federn zu stibitzen. Hotte und Blacky helfen ihm. Bei Leo weiß man nämlich nie so genau, ob er gerade gute Laune hat oder nicht.

Inzwischen hat Sam schon einen neuen Plan ausgeheckt. „Wir brauchen nicht nur Indianerfedern, sondern auch Kriegsbemalung. Und ich weiß auch schon, wo wir die herkriegen. Kommt mit, Jimmy und Bille!"

Zufällig haben die Kinder ihren Wasserfarbkasten draußen liegen lassen. „Ist ja mausestark!", jubelt Jimmy und stürzt sich auf die leuchtend rote Farbe. Und Sam? Der macht gerade einen rotblauen Indianer aus Bille. „Seht ihr?", piepst Sam stolz. „Das ist Kriegsbemalung!" – „Wow!", staunt Jimmy. „So will ich auch aussehen! Hilfst du mir, Sam?"

„Na gut", seufzt Sam. „Aber nur, wenn ihr mich nachher auch anmalt."

„Großes Indianerehrenwort!", versprechen Bille und Jimmy.

„So, da bin ich wieder", schnauft Flecki. „War gar nicht so einfach, die Sache mit den Federn. Dieser Leo ist so ein komischer Vogel, dass er uns noch nicht mal die herumliegenden Federn schenken wollte. Da mussten wir uns welche mopsen." Plötzlich unterbricht Flecki sich selbst. „Mensch, Bille, du siehst ja toll aus! Kriegen wir auch so eine bunte Bemalung, Sam?"

„Mal sehen", murmelt Sam, „ich glaube, auf Meerschweinchenfell sieht man die Farben nicht so gut …"

„Oooh!", ruft Flecki enttäuscht. „Das ist aber schade. Und wie geht es dann weiter mit unserem Wilder-Westen-Spiel?"

„Als Nächstes", piepst Sam, „brauchen wir noch ein paar Seile."

„Wozu das denn?", will Flecki wissen. „Na, damit wir wilde Tiere fangen können", erklärt Sam.

„Wir wissen, wo es Seile gibt!", ruft Blacky. „Da drüben steht ein Korb voll Wolle. Wartet, Hotte und ich holen ein paar Fäden!"

Flecki zappelt schon vor Ungeduld. „Ist das alles aufregend!"

67

„Wie lang müssen denn die Fäden sein, Sam?", mümmelt Blacky.
„Hmh", überlegt Sam, „am besten ungefähr so lang wie ein Meer-
schweinchen." Auch Hotte knabbert eifrig an der Wolle. „Fertig!", ruft er
stolz, als er den hartnäckigen Faden durchgebissen hat.
„Fangen wir jetzt endlich an, Wilder Westen zu spielen?"
„Ja, jetzt geht's los", beschließt Sam. „Hurra!", jubelt Blacky. „Und was
sollen wir tun? Ich bin ja schon soo gespannt!"
„Also", beginnt Sam, „Jimmy, Bille und ich sind die wilden, furchtlosen
Indianer vom Stamm der Buntfüße." – „Au ja, das klingt prima!", finden
Flecki, Hotte und Blacky. „Und wir, was sind wir?", will Hotte wissen.
Vor lauter Spannung zuckt seine Nase. Sam räuspert sich. Dann sagt er:
„Ihr seid unsere wilden, furchtlosen Pferde." Jimmy und Bille kichern.
Doch Flecki, Hotte und Blacky sind so aufgeregt, dass sie nur „wild" und
„furchtlos" hören. „Ein toller Plan!", finden sie.

Erst als Jimmy, Bille und Sam ihnen die Wollfäden als Zügel anlegen, merken die wilden, furchtlosen Meerschweinchenpferde, dass hier irgendwas nicht stimmt …

„Jippie!", johlen die Indianermäuse vom Stamm der Buntfüße – und schon sitzen sie auf den Rücken von Blacky, Hotte und Flecki.

„He", protestieren die Meerschweinchen, „so haben wir uns den Wilden Westen eigentlich nicht vorgestellt!" Aber dann müssen sie doch lachen.

„Hihi", quiekt Blacky. „Dafür, dass ihr so klein seid, seid ihr ganz schön frech, ihr Buntfüße! Aber wenigstens ist uns jetzt nicht mehr langweilig …"

69

Eine Nase für den Schneemann

Was für ein wunderschöner Wintertag! Die Sonne scheint, der Himmel ist blitzblau und der Schnee glitzert und funkelt.

„Huch", denkt der pummelige Schneemann, „heute ist es aber warm!" Prustend wischt er sich über die Stirn. „Ich fange schon an zu tropfen. Wenn das mal gutgeht …" Da kitzelt ihn ein Sonnenstrahl in der Nase. „Hatschi!!!" Der Schneemann muss so heftig niesen, dass er seine schöne Möhrennase verliert. „Mmmh", freut sich das freche kleine Kaninchen, „so ein leckeres Mittagessen!" Und – happs! – ist die Möhrennase weg. Verdutzt schaut der Schneemann dem Dieb hinterher. „He, wo willst du denn mit meiner Nase hin?" Doch das Kaninchen ist schon über alle Berge. „Du Nasenräuber!", schimpft der Schneemann. „So was Gemeines! Ich geh doch auch nicht hin und klau anderen Leuten die Nase! Unverschämtheit!"

Der Schneemann merkt gar nicht, wie laut er vor sich hinschimpft. Aus allen Richtungen kommen seine Freunde angelaufen, um nach ihm zu sehen. „Was ist passiert?", fragt das Eichhörnchen Pia besorgt. „Huhuhu", heult der Schneemann, „meine Nase ist weg! Geklaut! Aufgegessen!" „Aufgegessen? Die schöne Möhre?", fragt der Hund Struppi empört. „Ja genau", schluchzt der Schneemann. Dicke Tränen kullern über sein Gesicht. Dem Schäfchen Wuschel tut der Schneemann so Leid, dass es beinahe mitheult. „Dann müssen wir eben eine neue Nase für dich finden", maunzt die Tigerkatze Puma. „Und ich weiß auch schon, wo!", ruft Pia.

Hoch oben in der Spitze der Tanne hat Pia gestern beim
Klettern Tannenzapfen entdeckt. „Hoffentlich sind die noch da",
murmelt sie.
Tatsächlich! Da hängen die Zapfen. „Hui", denkt Pia, „wie
komm ich denn da bloß hin? Die Tanne ist ja voller Schnee!"
Doch dann hat sie eine Idee. „Ich weiß! Ich klettere einfach auf
den Nachbarbaum. Von dort aus komme ich bestimmt an die
Tannenzapfen." Wieselflink ist Pia auf dem Baum.
„Jetzt muss ich mir nur noch den schönsten Zapfen aussuchen.
Damit der Schneemann endlich wieder lacht."

72

Weil Pia so gut klettern kann, darf sie dem Schneemann die neue
Tannenzapfennase ins Gesicht drücken. „Fertig!", freut Pia sich.
„Mensch, siehst du toll aus, Schneemann!", kläfft Struppi
begeistert. „Die neue Nase steht dir richtig gut", staunt Puma.
„Stimmt", blökt Wuschel, „und diese Nase ist so braun gebrannt,
als hättest du gerade erst Urlaub gemacht!"
Stolz richtet sich der Schneemann auf. Pia schmunzelt.
„Und weißt du, was das Beste ist?", fragt sie den
Schneemann schelmisch. „Das Beste ist, dass
Kaninchen keine Tannenzapfen fressen …"

Die Segelpartie

Am Steg auf dem großen Waldsee liegt ein Segelboot.
„Ist das ein schönes Boot!", staunt das Eichhörnchen Jasmin. „Was meinst
du, Paul, ob wir uns das wohl mal ausleihen dürfen?"
„Hmh", grunzt das Wildschwein, „was heißt denn ausleihen?"
„Na ja", erklärt Jasmin, „wir nehmen das Boot, machen einen kleinen
Ausflug damit und anschließend binden wir es wieder am Steg fest."
„Dürfen wir das denn?", quiekt Paul. Jasmin seufzt. „Ach, Paul! Sei doch
nicht immer so schrecklich vernünftig! Wir bringen das Boot ja sofort
wieder zurück." – „Na gut", meint Paul, „wir können es uns ja zumindest
mal aus der Nähe ansehen …"

„Das ist wirklich ein schönes Boot", muss Paul zugeben. „Sag ich doch die ganze Zeit!", ruft Jasmin. Jetzt bekommt Paul auch Lust auf eine richtige Segelpartie. Leider hat das Boot Schlagseite. „Irgendwas stimmt hier nicht", stellt Paul fest. „Ich glaube, wir sollten besser die Plätze tauschen, Jasmin."
„Au ja!", ruft das Eichhörnchen. „Dann kann ich auch mal lenken!"

„Hoppla", murmelt Jasmin, „das war wohl doch keine so gute Idee, die Plätze zu tauschen. Das Boot liegt immer noch schief im Wasser!"

Paul grübelt eine Weile. Dann meint er: „Ich glaube, das liegt daran, dass du leichter bist als ich, Jasmin."

Inzwischen haben auch die anderen Waldtiere gemerkt, dass Paul und Jasmin ein Problem haben. „Können wir euch irgendwie helfen?", ruft der Hirsch Fabian. „Mir nicht", antwortet Paul, „aber Jasmin braucht Verstärkung. Sie ist zu leicht."

„Wir kommen!", rufen der Waschbär Jonas und der Igel Knöpfchen.

Schnell huschen die Freunde an Bord. Fabian übernimmt das Kommando. „Alle auf meine Seite!", röhrt er. Die kleinen Matrosen nehmen vorsichtig ihre Plätze ein. Vor lauter Begeisterung versucht Paul auch, auf die andere Seite rüberzukommen. „Halt!", schimpft Fabian. „Du doch nicht! Wir sind doch jetzt dein Gegengewicht!" – „Ach so!", grunzt Paul verlegen und stakst zurück auf seinen Platz. Endlich liegt das Boot gerade im Wasser. „Hurraa!", jubelt Jasmin. „Zusammen wiegen wir genauso viel wie du, Paul." Da tschilpt der freche kleine Spatz: „Aber nur, weil ich mich ganz besonders schwer mache!" Und mit großem Gelächter geht die Segelpartie los.

Der einsame Pfau

Die Bauernhoftiere haben heute richtig gute Laune. Das muss wohl am Wetter liegen. „So ein schöner Tag!", schnattert die Gans Eva fröhlich. „Ich finde, wir sollten einen Ausflug machen. Was meinst du, Balduin?" Der Gänsevater ist schon überstimmt, denn die kleinen Gänse quaken begeistert durcheinander. „Hast du das gehört, Fritz?", gackert die Henne Luise aufgeregt. „Familie Gans macht einen Ausflug."
„Schon gut", lacht der Hahn, „wenn Familie Gans einen Ausflug macht, dann unternehmen wir natürlich auch etwas Schönes."

Als Balduin das hört, hat er einen Einfall. „Lasst uns doch einfach alle zusammen einen Spaziergang machen!", schlägt er vor. Diese Idee finden die anderen Tiere toll. Sogar die Ziege Annabella und ihr Zicklein Mira, die sonst immer meckern. Nur der Pfau Julius sieht irgendwie traurig aus. „Was ist mit dir, Julius?", fragt Balduin seinen Freund. „Möchtest du nicht mit uns kommen? – „Ach, ich weiß nicht", seufzt Julius. „Ihr macht doch einen Familienausflug. Und ich hab noch nicht mal einen Bruder. Ich bin ganz allein auf der Welt …" Das klingt so traurig, dass Balduin erst einmal tüchtig schlucken muss. Dann flüstert er Eva zu: „Schatz, wir müssen dem armen Julius helfen." Eva nickt und wispert: „Finde ich auch. Aber wo sollen wir denn einen zweiten Pfau herzaubern?"
Balduin zwinkert Eva zu. Geheimnisvoll murmelt er: „Lass mich nur machen. Ich hab da so eine Idee …"

Und – schwupp – schon hat Balduin seiner Frau einen Eimer mit grüner
Farbe übergestülpt. „Also weißt du, Balduin!", prustet Eva. „Die Hilfe für
Julius hatte ich mir irgendwie anders vorgestellt!" Aber Balduin lässt sich
nicht aus der Ruhe bringen. „Ach, Liebling", schmeichelt er, „Grün steht dir
soo gut! Und wenn jetzt noch ein Klecks Blau dazu kommt, siehst du ganz
entzückend aus!" – „Findest du wirklich?", fragt Eva. Stolz plustert sie sich
auf. Dabei fällt ihr etwas ein. „Was machen wir denn mit meinen Schwanz-
federn? Mein Hinterteil sieht doch ganz anders aus als ein Pfauenhinterteil."
„Darüber hab ich auch schon nachgedacht", nuschelt die Ziege Annabella
und schleppt einen bunten Blumenstrauß an. „Ich hab euch beobachtet und
möchte euch helfen. Vielleicht ist das hier ja ein geeignetes Pfauenhinterteil?"
„Ein Blumenstrauß!", ruft Balduin überrascht. „Das ist ja eine super Idee,
Annabella! Jetzt fehlt nur noch der Kopfschmuck. Julius hat doch so ein
witziges Krönchen." – „Hier", piepst das Küken, „wir könnten diese Beeren
nehmen!" Balduin ist ganz begeistert. „Juhu", jubelt er, „jetzt ist dein Kostüm
perfekt, Eva!"

80

Tatsächlich! Eva sieht aus wie ein waschechter Pfau. Das findet Julius auch. „Nanu! Wer bist du denn?", begrüßt er den Neuling. Eva spürt, wie sie rot wird. Zum Glück sieht das keiner, denn sie ist ja geschminkt.

„Ich heiße Ev…", flötet sie. Doch dann fällt ihr ein, dass sie ja nun ein Pfau ist. Schnell verbessert sie sich und antwortet mit verstellter Stimme: „Ähem, Emil, wollte ich sagen." – „Schön, dich kennen zu lernen, Emil", sagt Julius. „Ich heiße Julius." Und zur Begrüßung schlägt er ein Rad für Emil. Munter plappert Julius drauf los: „Mensch, Emil, das ist ja so toll, dass du gerade heute hier auftauchst. Die anderen Tiere machen nämlich einen Familienausflug. Ich war schon ganz traurig, weil ich noch nicht mal einen Bruder hab und weil hier niemand so aussieht wie ich. Aber jetzt bist du ja da. Ist das schön! Wollen wir zusammen bei dem Ausflug mitmachen?" Eva nickt. Dann guckt sie besorgt zum Himmel: Lauter dicke, graue Regenwolken … Wenn das mal gut geht!

Platsch! Da fallen auch schon die ersten Regentropfen. Und auf einmal gießt es in Strömen. „Oje", seufzt Eva, „mein schönes Kostüm!"
Eva steht da wie ein begossener Pudel. In großen Bächen laufen die blaue und die grüne Farbe an ihr herunter. Sogar das schöne Blumenhinterteil geht kaputt. Julius staunt Bauklötze: „Emil, du bist ja … Eva!"
Vor lauter Überraschung weiß Julius nicht, ob er lachen oder weinen soll. Enttäuscht murmelt er: „Und ich dachte, ich wäre endlich nicht mehr allein auf unserem Bauernhof!"
„Du bist doch auch nicht allein!", ruft Balduin empört. „Du hast doch uns!"
„Genau", meckern Annabella und Mira. „Und wir haben dich sehr lieb", schnattert Eva. „Stimmt", nickt Balduin, „deswegen haben wir uns diese Verkleidung hier ausgedacht." Plötzlich kichert Julius: „Bin ich froh, dass meine Federn bei Regen nicht die Farbe verlieren!" Da müssen alle mit-lachen. Auch die begossene Eva.
Seit diesem Tag fühlt Julius sich nicht mehr einsam auf dem Bauernhof. Schließlich hat er die besten Freunde der Welt!

Krümel lernt schwimmen

Die Katze Jana ist die größte Spaziergängerin aller Zeiten. Am liebsten spaziert sie am Seeufer entlang. Hier gibt es immer etwas Spannendes zu entdecken. So wie heute. Jana hat ein Geräusch im Schilf gehört. „Pieps", macht es. Vorsichtig schleicht Jana sich an. Da sieht sie ein winziges Entenküken, das gerade erst aus dem Ei schlüpft. Aber die Entenmutter ist weit und breit nicht zu sehen. „Ich darf das Kleine nicht erschrecken", denkt Jana. Ganz leise schnurrt sie: „Hallo, kleines Küken. Hab keine Angst. Ich tu dir nichts." Neugierig schaut sich das Entenküken um. Als es Jana sieht, piepst es „Mama!" und tapst auf die Katze zu. Jana lächelt. „Ich bin nicht deine Mama", erklärt sie dem gelben Federbällchen. „Aber ich sorge für dich, bis wir deine Mama wiedergefunden haben. Wie heißt du denn?" Dann fällt ihr ein, dass das kleine Entchen ja noch gar keinen Namen hat. „Ich werde dich Krümel nennen", beschließt Jana, „weil du so klein und so niedlich bist."

Jana nimmt Krümel mit auf den Bauernhof. Dort gefällt es dem Entenküken richtig gut. Krümel darf sogar mit in Janas Körbchen schlafen. „Ist das kuschelig bei dir!", piepst Krümel und schmiegt sich ganz dicht an Janas weiches Fell. Jana seufzt. Sie hat Krümel so lieb gewonnen, dass sie das kleine Kerlchen gar nicht mehr hergeben möchte. „Aber morgen müssen wir deine richtige Mutter suchen", erklärt sie Krümel. „Die macht sich nämlich bestimmt schon große Sorgen um dich. Und außerdem musst du schwimmen lernen. Alle Enten können schwimmen. Sogar die allerkleinsten."
„Au fein!", freut sich Krümel. „Das macht bestimmt Spaß."

84

Am nächsten Morgen laufen Jana und Krümel schon ganz früh zum See. Krümel stürzt sich gleich begeistert ins Wasser. Aber die Schwimmerei klappt noch nicht so richtig. Krümel paddelt wild mit seinen winzigen Füßen und Flügeln. Dabei freut er sich mächtig, dass es um ihn herum so toll platscht und spritzt. „He, du Schlingel!", lacht Jana. „Ich werde ja ganz nass." Dann versucht Jana, Krümel die wichtigsten Schwimmbewegungen beizubringen. „Ich glaube, du musst schön gleichmäßig mit den Füßen rudern. Und den Kopf gerade halten." Krümel gibt sich große Mühe. „Aber plantschen macht viel mehr Spaß!" ruft er. „Komm doch auch ins Wasser, Jana. Das ist soo schön!" – „Och nö", maunzt Jana. „Von hier aus sehe ich besser, was du machst." In Wirklichkeit ist Jana ein bisschen wasserscheu. Aber das soll Krümel natürlich nicht wissen. Munter übt das kleine Kerlchen weiter. Vor Vergnügen jauchzt Krümel so laut, dass man ihn bis zum anderen Ufer des Sees hören kann. Und das will schon was heißen, denn für kleine Enten ist der See ziemlich groß.
Was für ein Glück, dass Krümel so eine kräftige Stimme hat!
„Psst, ihr Räuber!", sagt Entenmutter Coco zu ihren drei Küken. „Hört mal kurz auf zu schnattern!" Tina, Minni und Kai sind mucksmäuschenstill. Dafür hört man Krümel umso besser. „Das muss euer kleiner Bruder oder eure kleine Schwester sein!", ruft Coco aufgeregt und schwimmt in die Richtung, aus der sie das fröhliche Quaken gehört hat.

„Lieber ein Bruder!", quakt Kai. Zwei Schwestern reichen ihm.
Und richtig! Vorn bei den Seerosen, wo das Wasser flach ist, entdeckt
Coco ihr vermisstes Entenkind. „Hallo, mein Kleiner!" schnattert sie.
„Wir haben dich überall gesucht." – „Mama!", ruft Krümel glücklich.
Schnell paddelt er auf Coco zu. „Wie gut du schon schwimmen kannst!",
staunt Coco. Stolz richtet Krümel sich auf. „Ja, nicht wahr?", quakt er.
„Das hat Jana mir beigebracht." – „Jana?", fragt Coco erstaunt.
„Meine Ersatzmama", erklärt Krümel. „Sie hat sich um mich gekümmert,
als ihr alle weg wart. Und bei ihr ist es ganz kuschelig und überhaupt
hab ich sie sehr lieb." Coco schmunzelt. „Ja, wenn das so ist, dann
werden wir Jana natürlich jeden Tag besuchen.
„Au ja!", jubeln Krümel, Tina, Minni und Kai. Und Jana freut sich, dass
ihr Katzenkorb groß genug ist für die kleine Entenbande …

Das große Tauziehen

Der Dackel Purzel und seine Freundinnen, die Katze Sarah und das Ferkel Babsi, haben sich zum Spielen verabredet. „Was wollen wir denn spielen?", fragt Sarah. „Weiß nicht", quiekt Babsi ratlos. Aber Purzel weiß was. „Tauziehen", schlägt er vor und zerrt schon an der alten Wäscheleine, die unbeachtet im Gras liegt. „Tauziehen?", fragt Sarah. „Wir sind doch nur zu dritt." – „Dann fragen wir eben die Waldtiere, ob sie mitmachen", meint Purzel. Schon stakst Babsi los, um allen Bescheid zu sagen.

87

Das Reh Hanna, der Fuchs Leon, der Frischling Stinker und das Eichhörnchen Mona freuen sich. „Hurra! Ein Wettkampf gegen die Bauernhoftiere. Das wird bestimmt spannend!" Da fällt Purzel auf, dass seine Seite
noch Verstärkung braucht. Die Waldtiere sind nämlich zu viert.
„Wölkchen, spielst du noch bei uns mit?", fragt Purzel das wuschelige
Schaf. „Na klar!", blökt Wölkchen und schnappt sich das Seilende.
„Also", erklärt Purzel, „gleich gebe ich das Startkommando. Dann ziehen
beide Mannschaften fest an dem Seil. Und dann werden wir sehen, wer
hier am stärksten ist." Stinker hat nicht richtig zugehört. Er ist so aufgeregt,
dass er sofort kräftig am Seil reißt. „Gewonnen!", quiekt er, als
die Bauernhoftiere alle durcheinander stolpern. „He, Stinker!",
schimpft Purzel. „Das Spiel geht erst los, wenn ich es sage!"

„Auf die Plätze, fertig, los!", kläfft Purzel. Alle ziehen, so fest sie nur können. Babsi und Sarah kneifen vor lauter Anstrengung die Augen zusammen. Das Eichhörnchen Mona hängt ein bisschen in der Luft. Das liegt daran, dass Mona kürzere Beine hat als ihre Freunde. Aber dabei sein will sie auf jeden Fall. „Zieht!", presst der Fuchs Leon zwischen den Zähnen hervor. Fest stemmt Hanna sich mit allen vier Hufen gegen den Boden. „Wenn die da drüben Wölkchen nicht hätten", japst sie, „dann hätten wir schon längst gewonnen." Tatsächlich! Das wuschelige Schaf steht genauso sicher auf seinen Hufen wie das Reh Hanna. Mal sieht es so aus, als würden die Bauernhoftiere gewinnen, dann haben die Waldtiere wieder die Nase vorn „Ist das aufregend!", grunzt Stinker. Und Sarah jammert: „Ich kann nicht mehr!"

Pardauz! Plötzlich purzelt die ganze Bande wild durcheinander.
„Autsch!", beschwert sich Hanna. „Doch nicht alle auf mich!"
„Genau!", blökt Wölkchen auf der anderen Seite. „Nicht alle auf mich!"
Es dauert eine ganze Weile, bis die Freunde ihre Pfoten und Hufe sortiert
haben. Als sich alle von dem Schreck erholt haben, fragt Purzel:
„Was ist denn nun eigentlich passiert?" – „Weiß nicht", quiekt Babsi.
„Ich auch nicht", maunzt Sarah. Und die anderen schütteln auch ratlos die
Köpfe. Nur Mona scheint etwas zu wissen. „Nun ja", druckst sie herum,
„es könnte sein, dass ich vielleicht ein klitzekleines bisschen zu fest
zugebissen habe beim Ziehen …"

„Soll das heißen, du hast das Seil durchgebissen?", staunt Purzel.
„Ähem", räuspert sich Mona, „so könnte man es auch nennen."
„Ich werd nicht mehr", kichert Babsi. Sie lacht so laut, dass die anderen auch nicht länger ernst bleiben können. Irgendwann fragt Mona schüchtern: „Und was machen wir jetzt?" – „Hihihi", gluckst Purzel, „wir könnten – hahaha – einen Knoten in das Seil machen und – hohoho – noch einmal von vorn anfangen." Aber dazu hat niemand Lust.
Also beschließen die Freunde, dass beide Mannschaften gleich stark sind. Und für den Rest des Tages machen sie ein gemütliches Nickerchen in der Sonne. Tauziehen macht nämlich furchtbar müde.

Bennis neue Burg

Oje! Was ist denn hier passiert? Im Wald hat es heftig gestürmt.
Der Wind hat so stark gepustet, dass die morsche alte Kiefer umgefallen
ist – mitten auf den Biberbau. Wie gut, dass der Biber Benni unterwegs
war, um einen Leckerbissen fürs Mittagessen zu suchen! Gerade kommt er
nach Hause. „Meine schöne Burg!", jammert er. „Alles kaputt … Wo soll
ich denn heute Nacht schlafen?" Im Nu hat es sich im Wald herumgesprochen, dass Bennis Bau zerstört ist. Bennis beste Freunde, die
Waschbären Trixi und Pfote, der Hirsch David, das Kaninchen Momo und
die Ente Lilli, wollen dem Biber helfen. „Keine Sorge, Benni", schnattert
Lilli. „Irgendwie kriegen wir das schon wieder hin!"

„Genau!", murmeln Trixi und Pfote. „Du musst uns nur noch einmal sagen, wie dein Bau ausgesehen hat. Damit der neue genauso schön wird." Momo und David nicken. Schnell wischt Benni sich die Tränen aus den Augen. „Ihr wollt mir wirklich helfen?", fragt er glücklich. „Na klar, was denkst du denn!", ruft Trixi. „Nun sag schon: Wie sah dein Bau aus?" Benni seufzt: „Es war die schönste Burg, die jemals ein Biber gebaut hat." „Aha, eine Burg soll's also werden", fasst Trixi für die anderen zusammen. Dann übernimmt sie die Bauleitung. „Benni und Momo, ihr habt die schärfsten Zähne. Ihr kümmert euch um neues Holz. David, du bist der Stärkste von uns. Du hilfst beim Tragen. Lilli, du räumst im Wasser auf. Und Pfote und ich, wir kümmern uns um Lehm. Damit wir das Holz ordentlich verputzen können."

Flink machen sich die Freunde an die Arbeit. „Pass mal auf, Benni,
dein neues Haus wird bestimmt noch viel schöner als das alte!", meint
Trixi. „Glaubst du wirklich?", flüstert das Kaninchen Momo. „Ich finde,
im Moment sieht es noch gar nicht nach einem Haus aus."
„Muss es ja auch nicht", murmelt Trixi. „Es soll doch eine Burg
werden." – „Ach so", sagt Momo. Dabei weiß er eigentlich nicht so
genau, was eine Burg ist. Trixi erklärt es ihm. „Eine Burg ist ein Haus
mit Türmen. Und meistens gibt es in den Türmen Fenster. Damit man
aus der Burg rausgucken kann. Früher haben nur Ritter in Burgen
gewohnt. Aber anscheinend gibt es auch Biberburgen. Sonst hätte
Benni das ja nicht erzählt."

Benni ist so sehr in seine Arbeit vertieft, dass er gar nicht merkt, wie schnell seine Freunde mit dem Hausbau vorwärts kommen. „Diesmal soll es ein ganz stabiler Bau werden", murmelt er. „Und ich nehme nur das allerbeste Holz. Autsch! Ist das hart. Wie gut, dass ich so scharfe Zähne habe!" Dann fängt Benni an zu träumen. „Meine neue Burg wird sicher wunderschön. Wer weiß, vielleicht finde ich ja auch eine nette Biberfrau, die mit mir hier wohnen möchte. Und dann bekommen wir Kinder und werden eine Familie. Wir feiern ein Fest mit all unseren Freunden. Und alle können bei uns übernachten, weil wir ja so viel Platz haben." Plötzlich wird Benni aus seinem Traum gerissen. „Fertig, die Burg ist fertig!", ruft Trixi. „Benni, komm schnell gucken!" Benni dreht sich um …

… und traut seinen Augen nicht. So eine super Burg! Benni ist sprachlos.
„Gefällt sie dir?", will Trixi wissen. „Sag doch was!"
„Das ist die ungewöhnlichste Biberburg, die ich je gesehen habe", staunt
Benni. „Soll die wirklich für mich sein?" – „Na klar, für wen denn sonst?",
fragt Trixi ungeduldig. „Ritter gibt es doch hier nicht." Jetzt versteht Benni.
„Ach so", lächelt er, „ihr habt gedacht, eine Biberburg sieht aus wie eine
Ritterburg! Deshalb die Türmchen und Fenster …"
„Genau!", sagt Trixi. Enttäuscht fragt sie: „Stimmt etwas nicht damit?"
„Im Gegenteil", murmelt Benni. „Alles ist goldrichtig! Das ist bestimmt die
schönste Biberburg auf der ganzen Welt. Sie ist sogar noch schöner als in
meinen Träumen. Ihr seid wirklich tolle Freunde!"
Und dann feiern die kleinen Baumeister ein fröhliches Fest.
So lange, bis es dunkel ist und die ersten Glühwürmchen durch die Luft
schwirren.

Ein Glöckchen für Frenzi

Hoppla! Die Ziege Frenzi hat beim Spazierengehen wieder einmal nur in die Luft geguckt. Das tut sie gern, denn sie ist eine richtige Träumerin. Als Frenzi die dicken Steine auf dem Weg bemerkt, ist es schon zu spät: Sie stolpert und streckt alle viere von sich. „Autsch!", jammert sie. „Wo kommen denn diese dummen Steine plötzlich her?" Vorsichtig steht Frenzi auf. „Hu!", erschrickt sie. „Mein rechtes Vorderbein tut verflixt weh." Langsam humpelt Frenzi nach Hause. „Hoffentlich ist das Bein nicht gebrochen", denkt sie. „Denn dann muss ich bestimmt im Stall bleiben und darf nicht spielen. Igitt, wie langweilig!" Schon bei der Vorstellung schüttelt sich Frenzi. Völlig erschöpft kommt sie auf dem Bauernhof an. Auf drei Beinen zu humpeln ist ganz schön anstrengend!

Der Tierarzt stellt fest, dass Frenzis Bein verstaucht ist. Das ist nicht so schlimm wie ein gebrochenes Bein. Aber trotzdem muss Frenzi ein paar Tage zu Hause bleiben und darf nicht rumlaufen. Schon nach einer Stunde meckert sie: „Mir ist ja soo langweilig! Ich bin wirklich eine arme Ziege. Und so allein!"

Aber das stimmt nicht. Als Frenzis Freunde hören, dass die kleine Ziege krank ist, kommen sie alle zu Besuch. Und jeder hat etwas mitgebracht.

Der Hund Strubbel schleppt seine Decke an. „Hier, Frenzi", bellt er, „das ist meine Schmusedecke. Die ist ganz warm und kuschelig. Damit wirst du bestimmt schnell wieder gesund!" – „Und ich bringe dir ein Schälchen Milch", schnurrt Kater Mirko. „Ganz frisch und superlecker!" Das Kaninchen Mogli hat einen ganzen Bund Möhren dabei. „Möhren sind immer gut", erklärt Mogli. „Besonders, wenn man zu Hause sitzt und sich langweilen muss, weil man ein verstauchtes Bein hat." Doch das schönste Geschenk bringt Frenzis beste Freundin, die Ziege Senta: ein Glöckchen! „Damit du immer klingeln kannst, wenn du etwas brauchst. Oder wenn du dich allein fühlst. Und wenn wir mal nicht wissen, wo du bist, brauchen wir nur da zu suchen, wo das Bimmeln herkommt."

Und weil Frenzi sich so sehr über ihre Geschenke freut, geht es ihr tatsächlich schnell wieder besser. Nach drei Tagen tut der Fuß kaum noch weh. Strubbel hilft Frenzi, den Verband zu lösen. „Ah, tut das gut!", freut sich Frenzi. Vorsichtig tritt sie auf. „Hurra, ich kann wieder richtig laufen! Wer spielt mit mir Fangen?", ruft sie übermütig.

Senta schimpft: „He, langsam! Du musst dein Bein noch schonen."

Kleinlaut fragt Frenzi: „Aber Verstecken könnten wir doch spielen, oder?"

Dagegen haben ihre Freunde nichts einzuwenden. Sie spielen den ganzen Nachmittag lang. Erst suchen sie Mogli, dann Senta und dann Mirko.

Zum Schluss darf Frenzi sich verstecken. „Oh, ich weiß ein tolles Versteck!", murmelt sie vor sich hin. „Ich gehe einfach ganz brav in meinen Stall – da sucht mich bestimmt niemand!"

Doch da hat sie sich geirrt. Sie schafft es noch nicht einmal, sich hinter
den großen Futtertrog im Stall zu kauern – schon stehen ihre Freunde an
der Tür und rufen im Chor: „Gefunden!"
Frenzi ist enttäuscht. „Habt ihr auch wirklich nicht gelauert?", will sie
wissen. „Kein bisschen. Großes Katzenehrenwort", schwört Mirko.
„Und ich dachte, hier sucht ihr mich nie", schmollt Frenzi.
Da können die Freunde nicht länger ernst bleiben. „Ja, weißt du", kichert
Mirko, „das ist nämlich so: Wir haben zwar nicht gelauert, aber dein
Glöckchen hat dich verraten ..." – „Ach so", gluckst Frenzi. „Wenn das so
ist, werde ich das Glöckchen in Zukunft abnehmen, wenn wir Verstecken
spielen. Aber nur dann!"

Die Jagd nach dem Schmetterling

Minni, die kleine Katze, liegt in der Sonne und putzt ihr Fell. Da kommt ein bunter Falter angeflogen und setzt sich auf eine weiße Margerite.

„Oh, so ein schöner Schmetterling!", ruft Minni. „Den muss ich fangen."

„Na, wenn dir das gelingt, dann will ich Rumpelstilzchen heißen", knurrt Prinz, der Schäferhund.

Minni springt auf und der Falter gaukelt davon.

„Warte doch", schreit Minni, „ich will mit dir spielen!"

„Dann fang mich halt", lacht der Schmetterling und fliegt dicht an Minnis Nase vorbei. Das Kätzchen hebt die Pfoten, aber der Falter ist längst hoch in der Luft. „Ich lass mich nicht von dir foppen, du … du komischer Vogel!"

„Ich bin kein komischer Vogel", kichert der Schmetterling im Fliederbusch. „Ich heiße Pfauenauge."

„Minni, gib's auf", meint der schwarze Kater Kuno. „Ich hab's auch schon
mal probiert."

Jetzt kommen die Enten und die Gänse angewatschelt. „Was ist los? Was
ist los?", wollen sie wissen.

„Die dämliche Katze will einen Schmetterling fangen, das ist los", brummt
der Schäferhund.

„Kikeriki, das schafft sie nie!", kräht Hanno, der Hahn, vom Scheunendach. Aber Minni gibt nicht auf.

Nun flattert der Falter zur Blumenwiese und lässt sich auf einem Löwenzahn nieder. Minni schleicht durch das hohe Gras. Jetzt! Jetzt hat sie ihn! Aber nein. Da gibt es ja auf einmal so viele Schmetterlinge! Blaue, gelbe, weiße und bunte. Das Pfauenauge kann sie darunter nicht entdecken.
Der Hase Hans kommt angehoppelt. „Hallo, Minni!"
„Keine Zeit", faucht die Katze. Da, was war das? Minni spitzt die Ohren.
Das Stimmchen kommt aus dem Kirschbaum: „Sehr geehrtes Fräulein Miezekatze, hier oben bin ich!"
Blitzschnell klettert Minni den Stamm hoch. Dort oben!

Auf einem Blütenzweig schaukelt der Schmetterling. Schnell springt die Katze von Ast zu Ast. Der Falter fliegt lachend davon. „Mist!" Minni könnte platzen vor Wut. Dann schaut sie nach unten. O weh! Tief unter ihr sitzt der Hase. „Los, spring!", ruft er. Aber Minni traut sich nicht. Ihr Zorn ist verflogen. Sie könnte heulen. „Du kannst nicht ewig da oben sitzen bleiben", überlegt der Hase. „Warte, ich hole Hilfe."

Nach kurzer Zeit kehrt er zurück. Mit ihm kommen der Hund, der Kater, die Enten und die Gänse.

„Na, du Heldin", knurrt Prinz und stellt sich unter den Baum. Auf ihn springt der Hase, auf den Hasen der Kater und auf den Kater fliegt die Ente Else. „Kikeriki, jetzt komm i!", kräht Hanno, der Hahn, und flattert noch obendrauf. So holen die Tiere die kleine Minni vom Baum. Wie froh ist sie, als sie wieder unten auf der Erde ist! Sie dankt ihren Freunden für ihre Hilfe und der schwarze Kater Kuno grinst: „Fang mich, Minni, ich bin ein Schmetterling!", und saust davon.

Das Findelkind

Mutter Ente geht mit ihren beiden Kindern Leo und Lilly auf der Wiese spazieren. Hoppla, da wäre sie doch beinahe über ein großes Ei gestolpert!
Sie hören ein lautes Knirschen. „Seht nur! Das Ei hat einen Sprung! Da will bestimmt gerade ein Tier ausschlüpfen!", ruft Leo ganz aufgeregt.
Dann knirscht das Ei wieder und schließlich bricht die Schale entzwei. Ein struppiges braunes Küken kriecht erschöpft heraus und ruft: „Wiwiwi! Wiwiwi!"

„Es sucht seine Mutter!", quakt die Ente mitleidig. „Wo mag
sie nur sein? Sie kann doch ihr Kind nicht so allein hier auf
der Wiese lassen!"
Auf wackeligen Beinen watschelt das Küken auf Mutter
Ente zu. „Wiwiwi! Wiwiwi!", piepst es immer wieder.
Leo stupst Lilly in die Seite. „Sieht komisch aus, das Kleine,
findest du nicht auch?", meint er. Lilly nickt.
„Jedenfalls ist es keine Ente und kein Schwan. Vielleicht ist
es ein Hühnerhabicht!"

Mutter Ente schimpft: „Redet keinen Unsinn, seht euch seinen Schnabel an! Das ist ein Gänsejunge! Bringen wir ihn zu unseren Gänsen auf den Bauernhof!"

Sofort macht sie sich auf den Weg. Das Gänschen wackelt hinter ihr her und ruft ständig: „Wiwiwi!"

„Ich hoffe, es lernt bald richtig zu reden", meint Leo. „Immer nur, ‚wiwiwi'! Ich versteh kein Wort!"

Auf dem Bauernhof wollen die Enten das Küken bei den Gänsen abliefern. Aber das Gänschen will nicht dort bleiben! Kaum geht Mutter Ente weg, watschelt es mit lautem Geschrei hinter ihr her. Nach dem dritten Versuch gibt Mutter Ente auf. „Also, wenn du nicht zu den Gänsen willst, dann bleibst du eben bei uns", erklärt sie. „Was sagt ihr dazu, Leo und Lilly? Ihr habt ab heute ein Gänsebrüderchen!"

„Prima", rufen die Enten gleichzeitig. Da sagt das Gänschen laut und deutlich ebenfalls: „Prima!"

„Du kannst ja doch reden!", freut sich Leo und Lilly schlägt vor: „Du sollst Willy heißen! Und jetzt gehen wir schwimmen. Gut?" – „Gut, gut, gut!", schnattert Willy. Dann ziehen sie vergnügt zum Teich. Vorne Mutter Ente, dann Lilly, Willy und zum Schluss Leo.

111

Murmels erster Ausflug

Wie jeden Abend macht Ringo, der Hofhund, seine Runde auf dem Bauernhof. Zuerst reckt er den Kopf in den Kuhstall und ruft: „Alles klar bei euch? Sind alle gut von der Weide heimgekommen?"

„Alles in Ordnung, Ringo!", brüllen die Kühe zurück.

Dann trabt er weiter zum Hühnerstall. „Seid ihr wieder vollzählig zu Hause?", bellt er. Die Hühner plustern sich auf und gackern wild durcheinander: „Ja, ja! Wir sind alle da!"

Die nächste Station ist der Schafstall. Schon von weitem hört der Hund das aufgeregte Blöken. Da wird doch hoffentlich nichts passiert sein! Mit großen Sätzen springt er hinüber.

„Gut, dass du kommst, Ringo! Stell dir vor, Murmel ist verloren gegangen!", rufen ihm die Schafe aufgeregt zu. Ringo weiß sofort Bescheid. Murmel ist ein Lämmchen, das erst wenige Wochen alt ist. „Keine Sorge, ich find es schon!" Damit jagt er zu der Wiese, auf der die Schafe gegrast haben. Dort schnuppert er gründlich. Er muss aus so vielen Schafspuren den Geruch von Murmel herausfinden – das ist selbst für ihn nicht einfach.

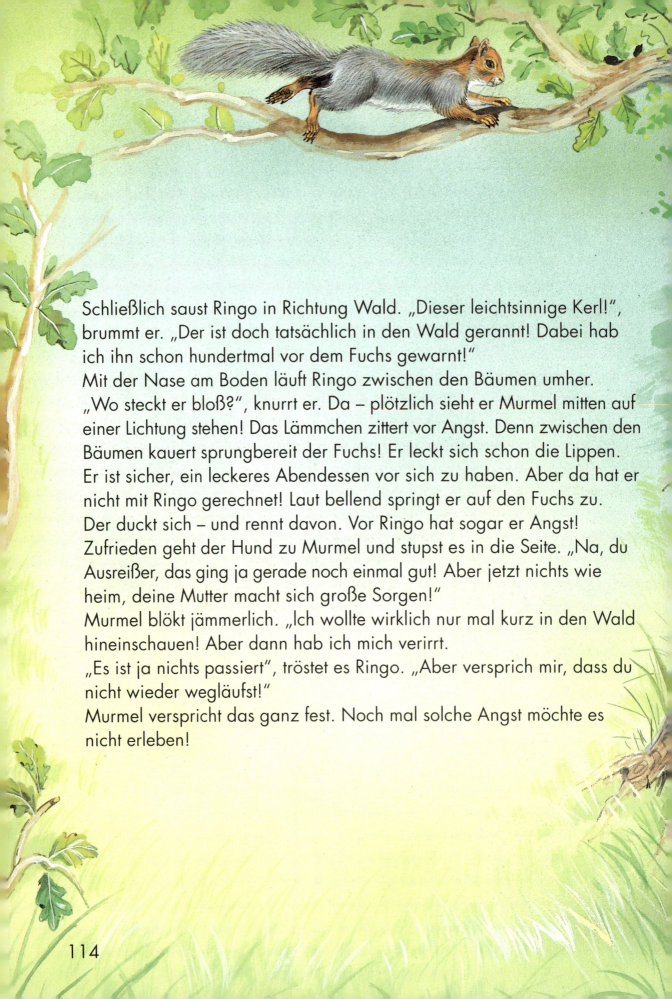

Schließlich saust Ringo in Richtung Wald. „Dieser leichtsinnige Kerl!", brummt er. „Der ist doch tatsächlich in den Wald gerannt! Dabei hab ich ihn schon hundertmal vor dem Fuchs gewarnt!"

Mit der Nase am Boden läuft Ringo zwischen den Bäumen umher. „Wo steckt er bloß?", knurrt er. Da – plötzlich sieht er Murmel mitten auf einer Lichtung stehen! Das Lämmchen zittert vor Angst. Denn zwischen den Bäumen kauert sprungbereit der Fuchs! Er leckt sich schon die Lippen. Er ist sicher, ein leckeres Abendessen vor sich zu haben. Aber da hat er nicht mit Ringo gerechnet! Laut bellend springt er auf den Fuchs zu. Der duckt sich – und rennt davon. Vor Ringo hat sogar er Angst!

Zufrieden geht der Hund zu Murmel und stupst es in die Seite. „Na, du Ausreißer, das ging ja gerade noch einmal gut! Aber jetzt nichts wie heim, deine Mutter macht sich große Sorgen!"

Murmel blökt jämmerlich. „Ich wollte wirklich nur mal kurz in den Wald hineinschauen! Aber dann hab ich mich verirrt.

„Es ist ja nichts passiert", tröstet es Ringo. „Aber versprich mir, dass du nicht wieder wegläufst!"

Murmel verspricht das ganz fest. Noch mal solche Angst möchte es nicht erleben!

Zwei übermütige Ponys

Heiko und Juri sind zwei Ponys. Jeden Morgen werden sie vom Bauern auf
die Koppel gebracht, damit sie dort grasen und herumtollen können.
Heiko aber findet es auf der Koppel langweilig.
„Einmal komm ich hier raus!", sagt er immer wieder zu Juri. „Du wirst
schon sehen, einmal finde ich ein Loch im Zaun!"
Und tatsächlich – eines Tages liegt eine Latte des Zauns auf dem Boden,
und der Bauer bemerkt es nicht. „Schnell, Juri! Komm mit!", wiehert Heiko.
Das lässt sich Juri nicht zweimal sagen. Ausgelassen galoppiert er mit
Heiko davon.
Ihr erstes Ziel ist der Obstgarten. Dort sind gerade die Äpfel reif und die
mögen die beiden gar zu gern. Krachend zerbeißen sie einen Apfel
nach dem anderen, dass ihnen der Saft aus den Mäulern tropft. Plötzlich
hören sie in der Ferne den Bauern rufen: „Ho, ihr verflixten Viecher!
Wollt ihr wohl meine Äpfel in Frieden lassen?"
Da springen die beiden fort.

Auf dem Feldweg kommt ihnen eine Herde Kühe entgegen. Bärli, der große schwarze Hütehund, führt die Tiere auf die Weide.
Als plötzlich die Ponys heranstieben, erschrickt die Leitkuh Liesl so sehr, dass sie den Schwanz kerzengerade in die Höhe stellt und laut muhend davonrennt. Natürlich rasen die übrigen Kühe sofort hinter ihr her. Bärli bellt, so laut er nur kann: „Ihr dummen Kühe, kommt zurück! Das sind doch nur Juri und Heiko!"

Es nützt nichts. Von den Kühen ist bald nur noch eine Staubwolke zu sehen.

Bärli ärgert sich. „Da habt ihr mir ja was Schönes eingebrockt!", blafft er Heiko und Juri an. „Jetzt hab ich den ganzen Vormittag zu tun, bis ich die Kühe wieder finde!" Wütend macht er sich auf die Suche.

Heiko kichert. Was für ein toller Spaß! „Komm, Juri, lass uns noch ein paar Äpfel naschen. Dann können wir ja zurück auf die Koppel gehen und uns richtig ausruhen."

119

Ein neuer Spielkamerad

Die beiden Kätzchen Mitzi und Mautzi spielen in Ninas Kinderzimmer.
„Schau her, was ich gefunden hab!", ruft Mitzi plötzlich. „Eine dicke Maus
mit vielen Schwänzen. Und sie läuft auch nicht davon." – „Vielleicht ist sie
krank", meint Mautzi, reißt sie an sich und dreht sie hin und her. „Das ist
doch keine kranke Maus", ruft der Kasper, „sondern eine Qualle aus Woll-
resten. Nina selbst hat ihr die vielen Zöpfe geflochten."
Da guckt Mutter Katze ins Zimmer. „Kinder, die Sonne scheint, geht doch
hinaus spielen."

Mitzi und Mautzi laufen auf den Rasen vor dem Schuppen. Das neue
Spielzeug haben sie mitgenommen und schubsen es nun hin und her.
Das macht Spaß und die beiden miauen vor Vergnügen.
„Was ist denn da los?", wundert sich der schwarze Kater Blacky und
springt vom Gartenzaun herunter. „Ui, das ist ja ein prima Spielkamerad",
sagt er, „darf ich mitspielen?"
Und ehe die Kätzchen etwas sagen können, erwischt Blacky die Qualle,
wirbelt sie herum und schleudert sie in hohem Bogen davon.
„So eine Gemeinheit!", schreit Mitzi. „Das ist Ninas Qualle, hol sie sofort
wieder her!"
Ja, aber wo ist sie hingeflogen? Auf dem Rasen ist sie nicht und im
Fliederbusch hängt sie auch nicht.

„Vielleicht im Schuppen", meint Blacky betreten. Die Kätzchen sind wütend, aber sie helfen mit suchen. „Da!", schreit Mitzi auf einmal. Hinter der alten Spielkiste schaut ein Schwänzchen hervor. Sie will es anfassen, aber ... es ist weg! Und schon kichert es vom Regal herunter, und zwischen den Farbtöpfen spitzen zwei Feldmäuse hervor.

„Ätsch, ätsch!", piepsen sie. „Uns hast du bestimmt nicht gesucht!"

„Das ist nicht zu fassen", heult der Kater auf, „habt ihr wenigstens gesehen, wohin das Ding geflogen ist?"

„Es ist ... hihi ...", kichern die Feldmäuse, „ist hihi ... im grünen Farbtopf." – „Im grünen Farbtopf?", miaut Mitzi entsetzt.

Der Kater springt aufs Regal und fischt aus dem Topf eine tropfende
grasgrüne Qualle heraus. „Und was machen wir jetzt?", fragt Mautzi
kleinlaut. „Moment", sagt Blacky, hängt die grüne Qualle in die Regenton-
ne und wäscht sie gründlich. „In der Sonne trocknet sie bis zum Abend",
meint er. Ja, jetzt ist die Farbe wieder ab, nur ein Schwänzchen ist gras-
grün geblieben. Na, was wird denn dazu die kleine Nina sagen?

Inhaltsverzeichnis